LE NOUVEL ENTRAÎN

vocabulaire

pour adolescents

250 exercices

niveau intermédiaire

Nathalie BIÉ
Philippe SANTINAN

CLE
INTERNATIONAL

Direction éditoriale
Michèle Grandmangin

Édition
Pierre Carpentier

Illustrations
Cyril Duballet

Conception graphique
Alinéa

Mise en page
DESK

Couverture
Conception et réalisation : 5 point com
Photo : © INGRAM PUBLISHING

Avant-propos

Ce nouveau livre d'exercices de vocabulaire, de la collection *Le Nouvel Entraînez-vous*, s'adresse à un **public d'adolescents** de niveau intermédiaire en français langue étrangère.

L'introduction du lexique suit la même **progression** que les méthodes usuelles se destinant à ce type de public. Chaque chapitre comprend un ou plusieurs **rappels** des notions lexicales étudiées et une série d'exercices d'application à **difficulté croissante**.

Les exercices, axés à la fois sur la **compréhension** et la **mémorisation** des notions présentées, proposent des activités de **déduction** et de **réemploi** du point lexical étudié. Ils reproduisent par ailleurs des contextes langagiers qui se veulent le plus proche possible de la réalité, afin de placer la **communication** au cœur de l'apprentissage.

Les activités proposées sont **variées** et exploitent des typologies d'exercices connues des apprenants : exercices de réécriture, de mise en relation, de remise en ordre, de repérage... Chaque exercice est accompagné d'une **consigne brève et concise** accompagnée d'un exemple.

Dans un souci de maintenir la **motivation** des apprenants à un niveau élevé et de leur faciliter l'appropriation des outils linguistiques proposés, les situations de communication choisies pour encadrer les exercices ont été conçues pour être le plus proche possible de **l'univers des adolescents** et abordent des thèmes qui correspondent à leurs intérêts. Ces thèmes sont également représentés à travers des **illustrations** qui font partie intégrante des activités.

Afin d'évaluer ses nouvelles compétences, l'apprenant pourra valider ses connaissances dans les séquences **bilans** situées à la fin de chaque chapitre.

Ce livre d'exercices permet de travailler **en classe** sur le renforcement de faits de langue particuliers. Il peut ainsi servir de complément à une méthode et aider à l'assimilation des points linguistiques étudiés en classe. Par ailleurs, afin de faciliter l'entraînement des étudiants en situation d'**auto-apprentissage** et de permettre à l'apprenant d'évoluer avec une plus grande **autonomie**, les corrigés des exercices peuvent être consultés à partir d'un livret placé à l'intérieur du livre.

Sommaire

I La langue française au quotidien

A. Les synonymes des verbes être, avoir, faire, mettre, dire

Récrivez les phrases en remplaçant le verbe être par l'un des verbes de la liste suivante : devenir, appartenir à, porter, rester, se trouver, aller, venir, travailler comme. **Attention aux transformations de phrase et aux conjugaisons !**

1

Exemple : Je serai à Grenoble la semaine prochaine.
→ Je me trouverai à Grenoble la semaine prochaine.

a. Je suis médecin à Paris.

→ ....

b. Je suis du Japon.

→ ....

c. En ce moment, je suis dans les Pyrénées.

→ ....

d. Il a été en Italie cet été.

→ ....

e. Je vais être en France jusqu'à la fin de l'été.

→ ....

f. Cet ordinateur est à moi.

→ ....

g. Je suis en uniforme sur cette photo.

→ ....

h. Je voudrais être actrice.

→ ....

Récrivez les phrases en remplaçant le verbe avoir par l'un des verbes de la liste suivante : aller, porter, posséder, trouver, réussir, compter, bénéficier de, tromper. **Attention aux transformations de phrase et aux conjugaisons !**

2

Exemple : Il y a de nombreux festivals en France.
→ On trouve de nombreux festivals en France.

a. J'ai une maison en Dordogne.

→ ....

b. Paul a un pull bleu et un pantalon noir.

→ ....

c. Nous avons une fête ce soir chez nos amis.

→ ....

d. Il y a beaucoup de touristes à Paris.

→ ....

e. Vous avez eu votre bac très facilement, c'est bien.

→ ....

f. J'habite dans une grande ville, elle a 7 millions d'habitants.

→ ....

g. Nous avons eu un temps magnifique cet été.

→ ....

h. Ce marchand m'a bien eu.

→ ....

Récrivez les phrases en remplaçant le verbe faire par l'un des verbes de la liste suivante : construire, terminer, coûter, peser, cuisiner, fabriquer, visiter, mesurer. **Attention aux transformations de phrases et aux conjugaisons !**

3

Exemple : Cet objet a été fait en Chine.
→ **Cet objet a été fabriqué en Chine.**

a. J'ai fait ma maison moi-même.

→ ....

b. J'ai fait tous mes exercices.

→ ....

c. Ce livre fait 30 euros.

→ ....

d. La Tour Eiffel fait 324 mètres.

→ ....

e. Je fais souvent des spécialités et des gâteaux.

→ ....

f. Cette usine fait des vêtements pour enfants.

→ ....

g. Pendant mon voyage, j'ai fait tous les musées et les théâtres.

→ ....

h. Ce sac fait au moins 10 kg.

→ ....

Récrivez les phrases en remplaçant le verbe mettre **par l'un des verbes de la liste suivante :** ajouter, inscrire, enfiler, poser, passer, ranger, placer, jeter. **Attention aux transformations de phrases et aux conjugaisons !**

4

Exemple : Je mets mon C.V (Curriculum Vitae) avec ma lettre de motivation.
→ J'ajoute mon C.V à ma lettre de motivation.

a. J'ai mis tous ces trucs à la poubelle
→ ....

b. Tu as mis tes affaires dans le placard ?
→ ....

c. J'ai mis 2 heures pour réparer la télé.
→ ....

d. Mets le vin sur la table s'il te plait.
→ ....

e. J'ai mis ta photo dans mon portefeuille.
→ ....

f. J'ai mis mon pull pour sortir parce qu'il faisait froid.
→ ....

g. J'ai mis mon nom sur la feuille d'examen.
→ ....

h. Avec cette lettre, je vais mettre aussi des photos.
→ ....

Récrivez les phrases en remplaçant le verbe dire **par l'un des verbes de la liste suivante :** demander, réciter, répéter, signifier, expliquer, promettre, prononcer, répondre, avouer. **Attention aux transformations de phrases et aux conjugaisons !**

5

Exemple : Le coupable a dit qu'il avait commis le crime.
→ Le coupable a avoué qu'il avait commis le crime.

a. Le prof a déjà dit cela plusieurs fois.
→ ....

b. Le prof a dit de faire ces exercices à la maison.
→ ....

c. Mattéo a dit le poème devant toute la classe.
→ ....

d. Qu'est-ce-que « computer » veut dire en anglais ?.
→ ....

e. Le prof nous a dit les règles de conjugaison de ce verbe.
→ ....

f. Il m'a dit : « C'est sûr, je viendrai. »
→ ....

g. Il m'a posé une question. Je lui ai dit que je ne connaissais pas la réponse.
→ ....

h. Le Président a dit un discours formidable sur les richesses de la France .
→ ....

Rappel

Les noms des marques

Certains **noms propres** sont parfois utilisés comme des **noms communs**. Il s'agit la plupart du temps de **noms de marques** ou de produits brevetés appartenant à des sociétés privées et faisant l'objet de copyrights.

Ces noms désignent généralement des objets usuels de la vie quotidienne. Bien qu'ils constituent des marques déposés, on peut les employer librement dans la langue. Quelle compagnie s'en plaindrait ? Chaque fois que vous prononcez son nom, ou le nom du produit quelle commercialise, vous faites de la publicité gratuite. Lorsque l'usage dun nom propre se généralise, il n'est d'ailleurs pas rare de le voir perdre sa majuscule.

Pour une marque, avoir son nom figurant dans le vocabulaire courant des Français est une véritable consécration.

Enfin, avec l'évolution des technologies et des habitudes, chaque jour voit apparaître et disparaître des objets. Ainsi, certains noms de marques connaissent un jour leur heure de gloire, puis tombent dans l'oubli. Pour combien de temps encore parlera-t-on du walkman ? Les jeunes, eux, n'ont déjà plus que le MP3 à la bouche, et sur les oreilles !

Associez chaque nom commun avec le nom de marque correspondant en vous aidant des illustrations.

6

| 1. un Frigidaire (frigo) | 2. du Scotch | 3. un Bic | 4. un Frisbee |

| 5. un Walkman | 6. un Kleenex | 7. un K-way | 8. un Caddie |

a. **un stylo**	b. un mouchoir en papier	c. un coupe-vent	d. du ruban adhésif
3	....	......	....
e. un chariot	f. un baladeur	g. un disque volant	h. un réfrigérateur
....	....	......	....

Associez les définitions, à gauche, avec le nom de marque figurant en gras, à droite. Aidez-vous du contexte pour trouver la bonne définition.

7

a. C'est un modèle de chaussures décontractées et résistantes.

b. C'est le nom d'une société du groupe La Poste.

c. C'est un couteau très robuste créé il y a plus de 100 ans et initialement destiné aux montagnards.

d. Ville thermale de l'est de la France qui a donné son nom à la source qui y coule.

e. Ce petit pense-bête que l'on peut coller et recoller a été inventé en 1980 par la société 3M.

f. Cet avertisseur sonore équipe les voitures depuis 1908.

g. Ces petits bouchons en cire et en coton, inventés en 1918 par un pharmacien Parisien, permettent de se protéger du bruit.

h. Cette chemise blanche à manche courte et au tissu léger et aéré est également appelé polo.

1. La liste des courses est écrite sur un **Post-it**, sur le frigo.

2. Au bar, elle commande toujours un **Vittel**-menthe.

3. Attention, il y a un chien sur la route ! Donne un coup de **Klaxon**.

4. – Je ne sais vraiment plus quoi mettre aux pieds de mon fils.
– Achète-lui des Kickers !

5. Quand il fait du sport, il porte toujours un **Lacoste**.

6. Virginie a reçu un **Chronopost** ce matin.

7. – La croûte de ce fromage est trop dure, je n'arrive pas à la couper.
– Tiens, prends mon **Opinel**.

8. Elle est obligée de dormir avec des boules **Quies** car son mari ronfle trop fort.

C. Abréviations, sigles et acronymes

Rappel

Abréviations, sigles et acronymes

• L'**abréviation** consiste à raccourcir un mot en supprimant certaines de ses lettres.

Exemples : **Mademoiselle > Mlle**
Société > S^{té}

Attention, le mot écrit en abrégé se prononce toujours comme le mot entier.

• Le **sigle** est une suite d'initiales de plusieurs mots et qui forme un mot unique.

Exemples : **un sans domicile fixe > un S.D.F.**
une offre publique d'achat > une O.P.A.

Un sigle se prononce en épelant chacune des lettres qui le composent.

• Comme le sigle, l'**acronyme** est une suite d'initiales qui forme un mot unique.

Exemples : **le pacte civil de solidarité > le PACS**
le salaire minimum interprofessionnel de croissance > le SMIC

Les lettres composant un acronyme se prononcent comme dans un mot ordinaire : PACS = [PAKS].

8. Cochez la bonne réponse pour chaque sigle.

Exemple : Les J.O. de 2012 auront finalement lieu à Londres.
☐ Jeunesses Ouvrières ☑ Jeux Olympiques ☐ Jeunes Organisations

a. Le nouveau **P.D.G.** de cette entreprise n'est pas un commercial. Il a une formation littéraire.

☐ Président Directeur Général
☐ Premier Du Gouvernement
☐ Prince Du Groupe

b. B. Avec la loi sur les 35 heures, beaucoup de Français ont droit à des jours de congés appelés **R.T.T.**

☐ Repos des Travailleurs Talentueux
☐ Récupération de Temps Terminé
☐ Réduction du Temps de Travail

c. Stéphanie ne parvient pas à soigner son rhume. Elle doit voir un **O.R.L.** cet après-midi.

☐ Oto-rhino laryngologue
☐ Organisateur de Recherches en Langues
☐ Officier de Recherche en Laboratoire

d. Quand je me déplace en forêt, j'utilise mon **V.T.T.** C'est très pratique.

☐ Voiture-Taxi Téléguidée
☐ Vélo Tout Terrain
☐ Véhicule de Transport Touristique

e. J'ai envoyé mon **C.V.** à plusieurs entreprises mais je n'ai obtenu aucune réponse.

☐ Curriculum Vitae
☐ Contrat de Vie
☐ Carte Vitale

f. J'espère avoir l'aide de l'**A.N.P.E.** pour trouver un nouveau travail.

☐ Antenne Nationale Pour l'Éducation
☐ Agence Nationale Pour l'Emploi
☐ Action Nouvelle Pour l'Enseignement

g. En France, à l'âge de 6 ans, les enfants entrent en classe de **C.P.**

☐ Catégorie Primitive
☐ Collège Professionnel
☐ Cours Préparatoire

h. En France, la plupart des produits de consommation courante sont soumis à la **T.V.A.**

☐ Trésorerie Vigilante Autorisée
☐ Théorie du Vol Arbitraire
☐ Taxe à la Valeur Ajoutée

9 Voici quelques sigles courants au lycée. Reliez-les à leur signification.

a. SVT	1. Sciences et Technologies Industrielles
b. EPS	2. Sciences et Technologies de l'Agronomie et de l'Environnement
c. LV1	3. Sciences de la Vie et de la Terre
d. un Bac STI	4. Éducation Physique et Sportive
e. SES	5. Sciences Médico-sociales
f. PCL	6. Sciences Économiques et Sociales
g. STAE	7. Physique et Chimie de Laboratoire
h. SMS	8. Langue Vivante 1

10 Voici d'autres sigles et acronymes utilisés dans le cursus universitaire. Reliez-les à leur signification.

a. Miass	1. Brevet de Technicien Supérieur
b. Staps	2. Langues, Littératures et Civilisations Étrangères
c. BTS	3. Mathématiques Informatique et applications aux sciences
d. DUT	4. École Supérieure de Commerce
e. ESC	5. Haute École de Commerce
f. LLCE	6. Sciences et Techniques des activités physiques et sportives
g. HEC	7. Diplôme Universitaire de Technologie
h. AES	8. Administration Économique et Sociale

11 Voici d'autres sigles et acronymes utilisés dans le système scolaire. Reliez-les à leur signification.

a. Le CIO	1. Unité d'Enseignement
b. Le CNED	2. Restaurant Universitaire
c. Le CAPES	3. Certificat d'Aptitude à l'Enseignement Secondaire
d. Le RU	4. Licence – Master – Doctorat
e. Le CROUS	5. Le Centre d'Information de la Jeunesse
f. Le CIDJ	6. Centre d'Information et d'Orientation
g. U.E.	7. Le Centre National d'Enseignement à Distance
h. LMD	8. Centre Régional des Œuvres Universitaires

Complétez les phrases suivantes avec les sigles et acronymes suivants :
CP (= Cours Préparatoire), UFR (= Unité de Formation et de Recherche), RU (= Restaurant Universitaire), LEP (= Lycée d'Enseignement Professionnel), CDI (= Centre de Documentation et d'Information), EPS (= Éducation Physique et Sportive), CROUS (= Centre Régional des Œuvres Universitaires et Scolaires), IUFM (= Institut Universitaire de Formation des Maîtres), CAPES (Certificat d'Aptitude au Professorat de l'Enseignement Secondaire).

(12)

Exemple : En France, l'UFR est la cellule de base d'une université. C'est ce qui correspond approximativement à l'ancienne appellation « faculté ».

a. Le .... a pour objectif de servir aux étudiants un repas complet à prix modéré, composé d'une entrée, d'un plat chaud et d'un dessert.

b. Le .... est un titre français de l'Éducation nationale que l'on obtient sur concours et qui autorise les professeurs des collèges et des lycées à enseigner certaines matières.

c. Première classe de l'école primaire, le .... est crucial pour l'élève car il y débute de manière formelle l'apprentissage de la lecture et de l'écriture.

d. Le .... est un établissement public chargé de l'aide social des étudiants (accueil des étudiants étrangers, logement, restauration, vie culturelle).

e. Le .... est un établissement scolaire public ou privé qui offre un enseignement en relation avec les métiers des entreprises afin d'acquérir des compétences dans un domaine professionnel.

f. L'............... est une discipline scolaire dont l'enseignement est obligatoire depuis 1880. Elle permet aux élèves de s'exprimer corporellement, en complément des disciplines dites « intellectuelles ».

g. Les .... sont les bibliothèques des collèges et des lycées et sont animés par des professeurs documentalistes.

h. Un .... est un établissement public d'enseignement supérieur chargé de la formation des enseignants pour chaque académie.

D. Le français familier : les troncations

Rappel

Les troncations

La **troncation** consiste en la suppression d'une partie de mot, afin de le raccourcir. Ce phénomène est fréquent dans la langue orale familière, surtout chez les jeunes.
La troncation peut s'opérer de deux manières :
• L'apocope : elle consiste à enlever la partie finale d'un mot.
Exemples : **une exposition > une expo**
• L'aphérèse : elle consiste à enlever la partie initiale d'un mot.
Exemple : **un autobus > un bus**

Dans les phrases suivantes, les mots en gras ont subi une troncation. Complétez-les afin de retrouver le mot original.

13

Exemple : Ce matin, je n'ai pas eu le temps de prendre mon **petit-déj**.
Ce matin, je n'ai pas eu le temps de prendre mon petit-déjeuner.

a. En effet, il fallait absolument que je range mon **appart**.............. .

b. J'ai dû me dépêcher pour aller à la **fac**.............. .

c. J'ai pris le **tram**.............. plutôt que le bus car c'est plus rapide.

d. Heureusement, je suis arrivé à l'heure au cours d'**éco**.............. .

e. Je ne manque jamais ce cour car j'adore le **prof**.............. .

f. Le midi, je me suis fait un **restau**.............. avec des amis.

g. C'était l'**anniv**.............. d'une copine, alors on a fêté ça dignement !

h. L'après-midi, c'était moins la fête car j'ai eu un **exam**.............. .

E. Le français familier : l'argot

Voici des mots familiers très fréquents dans la langue orale. Associez chacun des mots familiers de la colonne de gauche à son synonyme en français standard.

14

a. un mec
b. un pote
c. le bahut
d. une caisse
e. le fric
f. le boulot
g. une fringue
h. une nana

1. une fille
2. un vêtement
3. **un garçon**
4. le travail
5. le lycée
6. un ami
7. une voiture
8. l'argent

Voici des témoignages de lycéens. Indiquez le synonyme en français standard du mot familier ou de l'expression familière utilisés (en gras). Cochez la bonne réponse.

15

Exemple : La première préoccupation des parents est celle de la réussite scolaire de leurs enfants. Ils **flippent** dès que leurs enfants ont des mauvaises notes.

☐ Ils crient *flip out*
☑ Ils s'inquiètent
☐ Ils sont très mécontents.

a. « Pour réussir à l'école, il faut **bosser** sans cesse. »
☒ il faut travailler dur *boss*
☐ il faut dormir
☐ il faut être sympathique

b. « Dès que je sors du lycée, je vais retrouver mes **potes** au café. »
☐ mes devoirs
☐ mes jeux vidéos
☒ mes amis

c. « **J'ai la haine** contre mes profs. Ils sont trop exigeants et nous démoralisent dès qu'on a une mauvaise note. »
☒ je ressens de la colère contre mes profs
☐ je suis fatigué de mes profs
☐ je suis choqué par l'attitude de mes profs

d. « Depuis que je sais que je vais redoubler, j'ai décidé de ne plus rien **glander**. »   *to do nothing*
☐ de ne plus manquer aucun cours
☐ de ne plus rien faire
☒ de ne plus oublier de faire mes devoirs

e. « Il faut **galérer** dans la vie pour espérer arriver à quelque chose. »
☒ Il faut souffrir
☐ Il faut être fou   *ramer ~ to row*
☐ Il faut réfléchir

f. « Pour plaire aux filles, c'est important de faire attention à ses **fringues** et de soigner son apparence. »
☐ à ses amis
☒ à ses vêtements
☐ à ses paroles

g. « **J'en ai marre** : mes parents me surveillent constamment. Je n'ai aucune liberté. »
☐ J'ai compris
☐ J'en suis conscient
☒ Je suis exaspéré

h. « J'**ai baissé les bras** depuis longtemps. Je ne réussirai pas ce concours. »
☒ J'ai laissé tomber *- gave up*
☐ Je n'ai rien réussi
☐ J'ai changé d'avis

F. Le français familier : le verlan

Rappel

Le verlan

Le **verlan** est une langue très familière surtout utilisée par les jeunes. Elle se forme en changeant l'ordre des syllabes à l'intérieur d'un mot. La dernière syllabe se place au début du mot et la première syllabe à la fin. Le mot se retrouve alors à l'envers (le verlan).

Attention, cette langue est **exclusivement orale** et ne peut être utilisée que dans des **situations très informelles,** par exemple lorsque des jeunes communiquent entre eux. Il arrive que certains mots de verlan très usités fassent des apparitions dans la langue écrite. Dans ce cas, leur orthographe est purement phonétique.

Exemples :   **bizarre** > « **zarbi** »
                une cigarette > « **une garetsi** »

Voici des mots de verlan. Associez-les à leur synonyme en français conventionnel.
Vous pouvez vous aider en prononçant les mots à haute voix.

16

VERLAN → à l'envers (upside down)   FRANÇAIS CONVENTIONNEL

a. un beur   1. à fond !
b. une meuf   2. le métro
c. à donf !   3. le français
d. le céfran   4. une fête
e. le tromé   5. un arabe
f. une teuf   6. une femme
g. ça m'véner !   7. la musique
h. la zicmu   8. ça m'énerve

17 Replacez les 8 mots en verlan de l'exercice précédent dans les phrases suivantes.

Exemple : « C'est .... le temps aujourd'hui : il y a une heure il faisait beau, maintenant il pleut. »
→ « C'est **zarbi** le temps aujourd'hui : il y a une heure il faisait beau, maintenant il pleut. »

a. « Attention, voilà la prof de .....céfran..... ! Elle est hyper sévère. »

b. « Tiens voilà Lili, la petite brune. Elle est canon cette .....meuf..... ! »

c. « Le .....tromé....., c'est l'horreur. Je préfère aller au lycée à vélo. »

d. « Quelle .....zicmu teuf..... hier chez Bastien ! On a dansé et chanté toute la nuit. »

e. La .....zicmu..... que j'écoute toujours, c'est le rap et le reggae.

f. Ça .....m'véner..... . J'ai encore oublié mon cahier de maths. La prof va m'envoyer chez le directeur !

g. Ellen Mac Arthur, la jeune navigatrice anglaise, a choisi comme devise sur son bateau « .....à donf..... ! ». C'est que dans la compétition, elle donne toujours son maximum.

h. En France, les jeunes issus de l'immigration en provenance des pays du Maghreb sont couramment appelés les .....beurs..... .

G. Le français familier : les anglicismes

Rappel

Les anglicismes

Il existe en français beaucoup de mots empruntés à l'anglais. On les appelles des **anglicismes**. Ces mots sont fréquemment employés à l'oral, notamment par les jeunes. La plupart du temps, ils se prononcent à l'anglaise, avec l'accent français bien sûr ! Attention toutefois, la langue française crée parfois des dérivés à partir d'un anglicisme, par exemple, un verbe à partir d'un nom. Dans ce cas, la terminaison verbale sera prononcée à la française.

Exemples :   **surf > surfer [sœrfe] > il surfe [il sœrf]**

Ces mots appartiennent souvent aux registres des sciences, des techniques et du commerce, domaines où le monde anglophone est à l'origine de nombreuses innovations depuis le début du XXᵉ siècle.

Il faut noter également que, parfois, le mot anglais apporte une nuance de sens par rapport à son équivalent français.

Exemples :   **un meeting = une grande réunion publique**

18 Associez les anglicismes aux mots en français standard.

a. surfer sur le web
b. un best-seller
c. les news
d. un spot
e. un casting
f. un job
g. un top

h. « tchater »

1. un endroit
2. un petit travail temporaire
3. un haut (tee-shirt pour les filles)
4. naviguer sur la toile
5. un succès de librairie
6. les informations
7. l'ensemble des comédiens qui jouent dans un film/recrutement de comédiens
8. discuter en ligne sur Internet

19 Replacez les 8 anglicismes de l'exercice précédent dans les phrases suivantes.

Exemple : Les filles aiment faire .... pour s'acheter des vêtements à la mode.
→ Les filles aiment faire du shopping pour s'acheter des vêtements à la mode.

a. Il s'est vendu 300 millions d'exemplaires des aventures d'Harry Potter dans le monde. C'est un énorme ....

b. Biarritz est un .... de rêve pour faire du surf : il y a toujours de belles grosses vagues.

c. Regarde cette pub. Le .... est très joli et il va bien avec le pantalon.

d. Les jeunes adorent .... C'est formidable pour découvrir le monde et assouvir ses passions.

e. Les adolescents aiment .... sur leur ordinateur. C'est gratuit et ils peuvent ainsi communiquer avec des jeunes du monde entier.

f. J'ai trouvé un .... de vendeur de glaces pour cet été. Ca va m'aider à payer mes études à la rentrée prochaine.

g. Il est 20 heures, c'est l'heure des .... Je dois regarder attentivement car demain on discute de l'actualité en cours.

h. À l'issue du .... , c'est l'actrice Isabelle Adjani qui a été choisie.

H. Les mots composés

20 Reliez les mots composés suivants aux mots ou expressions synonymes.

a. un nouveau-né
b. un malentendant
c. un porte-monnaie
d. un sans-papiers
e. un lève-tard
f. un sans-abri
g. un malvoyant
h. un micro-trottoir

1. un immigré clandestin
2. une enquête dans la rue
3. un aveugle
4. un bébé
5. un clochard
6. un sourd
7. un objet pour mettre de l'argent
8. une personne qui dort beaucoup le matin

I. Les proverbes

Complétez les 8 répliques en utilisant l'un des proverbes de la liste.

(21)

L'habit ne fait pas le moine.

Il n'y a que la vérité qui blesse.

Plus on est de fous, plus on rit.

Les bons comptes font les bons amis.

Il ne faut pas vendre la peau de l'ours
avant de l'avoir tué.

Pas de nouvelles, bonnes nouvelles.

La nuit porte conseil.

Mieux vaut tard que jamais.

Chose promise, chose due.

Exemple : – Est-ce que je peux emmener deux amis à ta fête demain ?
– Bien sûr ! **Plus on est de fous, plus on rit.**

a. – C'est sûr, je gagnerai le premier prix. Et avec l'argent, je commencerai une nouvelle vie.
– ....

b. – Ah, enfin, tu me rapportes ce livre ! Ça fait déjà six mois que je te l'avais prêté.
– ....

c. – Eh, tu n'oublies pas que tu m'as promis un week-end dans ta maison de campagne...
– .... : on part demain.

d. – Alors, normalement tu me dois encore 10 €. Mais je peux t'en faire cadeau.
– Non, non. Tiens, les voilà ! ....

e. – Je lui ai dit qu'elle n'était pas courageuse dans son travail et elle s'est énervée sans pouvoir
se justifier.
– ....

f. – Manuel est parti depuis trois jours et ne nous a toujours pas téléphoné. C'est un peu inquiétant.
– Rassure-toi : ....

g. – Ce garçon a vraiment un look stupide. Je n'ai pas envie d'aller lui parler.
– Pourtant, il est peut-être intéressant. ....

h. Je suis encore hésitant, mais je dois absolument donner une réponse. Je vais dire que je suis
d'accord.
– Si tu n'es pas sûr, attends encore un peu. ....

Bilans

Pour chaque question, cochez la bonne réponse.

(22)

Exemple : Quelle expression n'appartient pas au verlan ?
☐ « Laisse béton ! » (*laisse tomber !*)
☐ « c'est chébran » (*c'est branché*)
☐ « la téci » (*la cité, la banlieue*)
☑ « un casse-dalle » (*un sandwich*)

a. Lequel de ces mots n'est pas une troncation ?
☐ un dico – ☐ un mégot– ☐ une dissert – ☐ une pub

b. Lequel de ces mots n'est pas un anglicisme ?
☐ un sponsor – ☐ un grand prix – ☐ le jogging – ☐ un challenger

La langue française au quotidien

c. Lequel de ces mots n'appartient pas au domaine de l'informatique ?
□ un chat– □ un courriel – □ une souris – □ un zèbre

d. Lequel de ces mots n'est pas un mot composé ?
□ un taille-crayons – □ un malvoyant – □ un porte-clés – □ un beau garçon

e. Lequel de ces mots n'appartient pas au langage familier ?
□ une fringue – □ une voiture – □une nana – □ un pote

f. Quel sigle n'existe pas en français ?
□ ORL – □ ANPE – □ PDG – □ NATO

g. Lequel de ces mots est un anglicisme ?
□ un match – □ trop – □ un marqueur – □ un pot

h. Laquelle de ces expressions ne fait pas partie du langage standard ?
□ à toute allure – □ à fond – □ à toute vitesse – □ à donf

Parmi les phrases proposées, soulignez celle qui ne peut pas être reformulée avec le verbe mentionné. Attention, certaines reformulations nécessitent des transformations de phrases.

(23)

Exemple : Le verbe AVOIR.
Ce livre comporte plusieurs chapitres / J'ai mangé un gâteau aux pommes / J'éprouve de la honte / J'ai enfin obtenu une réponse à ma lettre.

a. ÊTRE.
Ici, nous formons une équipe de 8 personnes. / Ce travail représente l'aboutissement de nombreuses années d'études. / Un jour, je deviendrai actrice. / Nous nous engageons à vous payer demain.

b. FAIRE.
Il paraît très jeune. / J'ai préparé le repas. / Vous écrivez votre numéro dans cette case. / Cet agriculteur produit uniquement de la volaille.

c. METTRE.
On a rangé les documents ensemble. / Ils ont installé le frigo dans la cuisine. / J'ai pris la photo seul. / Il faut employer le subjonctif ici.

d. DIRE.
Regarde les résultats à la télé. / Confie-moi tes problèmes. / Le témoin a affirmé avoir vu le coupable. / Il m'a donné son avis.

e. PARLER.
Ma grand-mère discute toujours avec ses voisines. / J'adore bavarder avec ma voisine. / Son père l'a entraîné dans cette affaire involontairement. / Il s'est exprimé en marmonnant : je n'ai rien compris.

f. IL Y A.
Trois enfants sont assis sur le banc. / Je vais placer ce tableau ici. / Il s'est produit un grave accident dans la rue Victor Hugo. / On ouvrira un magasin ici très bientôt.

g. CONSTRUIRE.
On a élevé cette cathédrale au XIVᵉ siècle. / On bâtit de plus en plus d'immeubles en ville. / Ce monument a été érigé en l'honneur de l'ancien président. / Observer la nature rend heureux.

h. VOIR.
J'espère que l'on retrouvera le coupable / On a inspecté les lieux de l'accident. / Examine ces deux billets : ils sont falsifiés. / Ici, quand la nuit est bien noire, on aperçoit la voie lactée.

II La objets du quotidien

A. Matières, formes et textures

Rappel

Quand on parle d'un objet, on évoque souvent les matières qui le composent.

Par exemple, c'est un objet...

... en bois

... en métal

... en plastique

... en or

 Associez l'objet au matériau qui le compose (plusieurs réponses sont possibles).

24

a. un portail
b. un récipient
c. une bouteille
d. un pull
e. un bijou
f. un oreiller
g. un vase
h. une ceinture

1. en terre
2. en plume
3. en cuir
4. **en fer**
5. en plastique
6. en coton
7. en verre
8. en or

 Reliez les adjectifs suivants à leur contraire.

25

a. creux
b. fragile
c. mou
d. fin
e. maniable
f. liquide
g. pointu
h. doux

1. dur
2. arrondi
3. résistant
4. encombrant
5. **plat**
6. rugueux
7. épais
8. solide

Voici des expressions imagées utilisant le vocabulaire de la matière (colonne de gauche). Reliez-les aux significations correspondantes.

26

a. pratiquer la langue de bois
b. avoir la gueule de bois
c. avoir un moral d'acier
d. rester de marbre

e. faire une affaire en or
f. avoir un caractère en or
g. dormir d'un sommeil de plomb
h. avoir une santé de fer

1. être en très bonne santé
2. être profondément endormi
3. ne pas montrer son émotion
4. effet secondaire de l'absorption d'une boisson alcoolisée.
5. être très fort psychologiquement
6. dissimuler une réalité par les mots
7. acheter à un prix très avantageux
8. avoir un très bon caractère

Complétez les phrases suivantes à l'aide des expressions imagées de l'exercice précédent (attention aux temps et aux conjugaisons des verbes).

27

Exemple : Elle a une **volonté de fer**, elle ne fléchira pas dans cette affaire et sa décision est prise. Rien ne la fera changer d'avis.

a. J'ai bu trop de vin hier soir :
ce matin, j'...

b. Cette fille est adorable. Elle est gentille, généreuse, toujours de bon humeur :
....

c. Ce matin, je me sens vraiment reposé :
je me suis couché tôt et j'...

d. François n'est jamais malade :
Il ....

e. Lorsque Sophie a appris la terrible nouvelle, elle n'a eu aucune réaction :
Elle ....

f. Malgré ses nombreux problèmes financiers et sentimentaux, Paul a toujours le sourire :
Il ....

g. « Je vous conseille vivement cette voiture. Elle est en parfait état et son prix est 50 % inférieur au marché : c'est .... »

h. Le discours de ce politicien est complètement creux. Il ne répond jamais vraiment aux questions qu'on lui pose : il ....

B. Les fonctions d'un objet

Rappel

Pour parler de la fonction d'un objet, on utilise les formules suivantes :
Ça sert à...   *Ça permet de...*   *On l'utilise pour...*

Pour spécifier de manière plus précise la fonction d'un objet, le français utilise souvent le nom de l'objet suivi de la préposition « à » et de la spécification, désignée par un verbe ou un nom.
Exemples :   une machine **à** laver   un fer **à** souder   un verre **à** vin

28 — Associez l'objet à sa fonction (plusieurs réponses sont possibles)

a. **un portail**
b. un couteau
c. une bouteille

d. un manteau
e. une montre
f. un oreiller
g. un vase
h. une ceinture

1. Ça permet de conserver les fleurs.
2. Ça indique l'heure.
3. Ça maintient le pantalon autour de la taille.
4. **Ça protège du vol.**
5. Ça renferme un liquide.
6. Ça sert à reposer la tête.
7. Ça sert à découper.
8. Ça sert à se protéger du froid.

29 — Associez chacune des fonctions avec l'objet correspondant.

1. des gants de cuisson
2. un magazine télé
3. une 2 CV
4. une trottinette

5. un almanach
6. un sapin de Noël
7. un nain de jardin
8. une boule souvenir

a. Un petit objet décoratif qui représente un paysage.	b. On l'utilise dans la cuisine pour saisir les plats chauds.	c. Il sert de calendrier décoratif qu'on accroche au mur et il donne quelques informations pratiques.	d. C'est une revue qui permet de s'informer sur les programmes de radio et de télévision.
8	....	....	....
e. Ce petit personnage se place dans le jardin dans un but décoratif.	f. On décore cet arbre chaque année à l'occasion d'une fête de fin d'année.	g. Ce véhicule rudimentaire permet de se déplacer rapidement en ville, sur les trottoirs et dans les zones piétonnes.	h. Ce véhicule, apparu en 1948, est devenu l'une des voitures les plus vendues en France jusqu'aux années 1980.
....	....	....	....

Indiquez les fonctions de chaque objet en complétant les phrases à l'aide des éléments suivants :

30

ça décore une chambre./ ça sert à communiquer à distance./ ça sert à se réveiller avec la radio./ ça permet de trouver la signification d'un mot./ ça indique le nord./ ça contient un liquide./ ça contient des lettres ou des documents./ ça se porte sur la tête./ ça protège de la pluie.

Exemple : Un dictionnaire : ça permet de trouver la signification d'un mot.

a. Un flacon : ....

b. Une affiche de concert : ....

c. Une enveloppe : ....

d. Un téléphone : ....

e. Un imperméable : ....

f. Une boussole : ....

g. Un chapeau : ....

h. Un radio réveil : ....

Pour chaque définition, indiquez de quel objet il s'agit parmi la liste suivante : un pot à fleurs, une table, un moule à gâteaux, le bois, une boîte, un stylo, un tournevis, l'or.

31

Exemple : C'est un objet indispensable pour les amateurs de littérature et de romans : c'est le livre.

a. C'est un métal précieux utilisé pour fabriquer des bijoux : c'est ....

b. C'est un outil qui permet de visser et dévisser : c'est ....

c. C'est l'ustensile dans lequel on verse la pâte avant la cuisson : c'est ....

d. C'est un objet usuel dont on se sert pour écrire : c'est ....

e. C'est un meuble commun sur lequel on prend ses repas : c'est ....

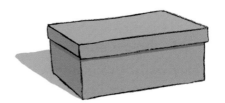

f. C'est un élément en carton ou en plastique pour ranger des affaires : c'est......................................

g. C'est un matériau naturel qui sert à construire des meubles : c'est ....

h. C'est un récipient dans lequel on fait pousser des plantes : c'est ....

Retrouvez les objets mentionnés dans le dialogue : complétez les phrases à l'aide de la liste d'objets ci-dessous.

32

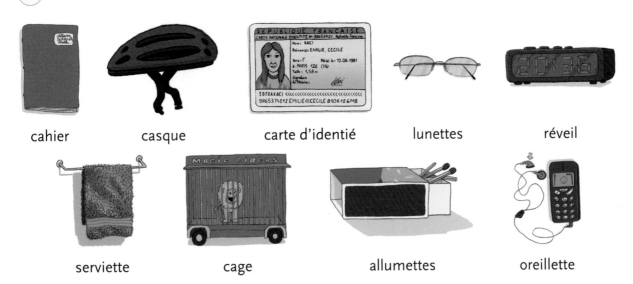

cahier   casque   carte d'identié   lunettes   réveil

serviette   cage   allumettes   oreillette

Exemple : Zut ! J'ai encore oublié de mettre l'alarme. Je serai en retard pour mes cours. Mon réveil n'a pas marché ce matin.

a. Encore une panne d'électricité ! Prends les .... dans la cuisine. On en a besoin pour allumer les bougies.

b. J'aime beaucoup le cirque mais je trouve horrible le fait de mettre les animaux en .... Ils sont mieux en liberté.

c. Si tu veux obtenir une réduction à l'entrée du musée, tu dois absolument montrer ta .... pour prouver que tu as moins de 25 ans.

d. Désolée, je ne peux pas aller au ciné ce soir. Mes .... sont cassées, sans elles je ne vois rien.

e. Pour la séance de natation, tu dois apporter ton maillot de bain et ta .... pour ne pas attraper froid en sortant.

f. J'étais malade vendredi. Prête-moi ton .... d'anglais. Je dois recopier tous les dialogues avant l'exam.

g. Si tu pars en ville en vélo, prends ton .... avec toi, ce n'est pas obligatoire de le porter en France mais c'est conseillé.

h. Tiens ! Tu as une .... aussi. Tu verras, c'est pratique pour téléphoner quand on a les mains occupées.

C. Les caractéristiques d'un objet

33 Associez les éléments des deux colonnes pour faire correspondre les caractéristiques de la voiture à quatre roues motrices (4X4).

LE 4X4

a. Ça prend beaucoup de place.

b. Ça rejette beaucoup de gaz carbonique.

c. C'est fait pour conduire à la campagne.

d. On peut l'utiliser sur tout type de terrain.

e. C'est difficile à garer en ville.

f. C'est un moyen de transport très à la mode.

g. Ça fait penser aux vacances et aux voyages lointains.

h. C'est très facile à conduire et à diriger.

1. C'est pratique.

2. C'est mal adapté aux villes.

3. C'est un véhicule très tendance.

4. C'est idéal dans les endroits reculés.

5. Ça fait rêver, c'est le mythe de la voiture américaine.

6. C'est polluant.

7. C'est très maniable.

8. C'est très encombrant.

Associez les éléments des deux colonnes pour faire correspondre les caractéristiques du téléphone portable.

LE TÉLÉPHONE PORTABLE

a. C'est un objet léger.

b. Il ne faut pas s'en servir au volant !

c. La sonnerie peut déranger les gens.

d. Beaucoup de jeunes gens en possèdent un.

e. On ne capte pas le signal partout.

f. Le prix de la communication reste élevé.

g. Il sert à la communication orale et écrite.

h. Son utilisation pourrait provoquer des troubles de la santé.

1. Ca devient un accessoire de mode.

2. Les forfaits sont encore coûteux.

3. Il est très peu encombrant.

4. La connexion réseau n'est pas toujours fiable.

5. Son utilisation est dangereuse en voiture.

6. Il permet d'envoyer des SMS (textos).

7. Par précaution, il vaut mieux utiliser une oreillette.

8. C'est plus discret en mode vibreur.

Associez les éléments des deux colonnes pour faire correspondre les caractéristiques de l'ordinateur de bureau.

L'ORDINATEUR DE BUREAU

a. Il permet de composer des textes, de faire des graphiques, de retoucher des images, de créer de la musique, d'analyser des données...

b. Il permet de stocker des données sur différents supports.

c. Il peut être connecté à d'autres ordinateurs grâce à Internet.

d. Il permet de communiquer rapidement à travers le monde entier.

e. Il permet de recueillir toutes sortes d'informations.

f. Son utilisation est de plus en plus aisée grâce à la multiplication des programmes.

g. C'est l'outil idéal pour le traitement de textes.

h. C'est devenu un outil incontournable.

1. C'est génial pour jouer en réseau.

2. C'est très facile avec tous les logiciels.

3. Il a remplacé la machine à écrire.

4. Il permet des applications nombreuses et variées.

5. L'information devient accessible grâce aux moteurs de recherche.

6. C'est impossible de s'en passer aujourd'hui.

7. Il permet d'enregistrer des informations sur CD, clés USB, DVD...

8. C'est super pour envoyer un courriel de l'autre côté de la planète !

36 Associez les éléments des deux colonnes pour faire correspondre les caractéristiques du lecteur DVD.

LE LECTEUR DVD

a. Il permet de regarder des films confortablement installé chez soi.

b. On peut admirer un plan, s'arrêter sur une image, revenir en arrière...

c. Avec les bonus, on apprend beaucoup de choses sur la genèse du film.

d. On peut regarder des chefs-d'œuvre et des films inédits en vidéo.

e. Il en existe des modèles qu'on peut facilement emmener partout et peut aussi être intégré dans un ordinateur.

f. Le disque ne s'abîme pas et il a de nombreuses qualités techniques.

g. C'est un produit en développement continuel.

h. Le DVD est un cadeau simple à offrir.

1. Il offre une grande souplesse d'utilisation.

2. Le film sur DVD contient des informations qu'on n'a pas au cinéma.

3. On a le matériel pour devenir cinéphile averti.

4. Il permet une intimité qu'on n'a pas dans une salle de cinéma.

5. La durée de vie du DVD est illimitée.

6. C'est facile à transporter et peu encombrant.

7. c'est un objet moderne à collectionner.

8. Il est disponible dans de nombreux magasins.

Rappel

On peut décrire un objet **par :**

- sa forme
- sa couleur
- son poids
- son usage, sa fonction
- ses caractéristiques

37 **VRAI OU FAUX. Lisez les descriptifs des quatre objets et répondez ensuite aux questions.**

LE SAC NATURE & DÉCOUVERTES

. Le sac mono-sangle de la gamme Périgord (55 % lin, 45 % coton) est largement ouvert sur les côtés par un zip. Très résistant, il est rembourré pour plus de confort. 29 €

LA STATION D'IMPRESSION PRINTER DOCK 6000 DE KODAK

. Vous appuyez sur une seule touche et cet équipement produit en 90 secondes des tirages de qualité Kodak à bordures prédécoupées au format 10x15 cm avec ou sans ordinateur à domicile.

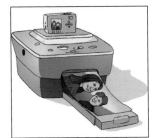

L'IPOD MINI DE APPLE

. Le plus petit baladeur du monde peut contenir 1000 chansons et est doté d'écouteurs ergonomiques.

. Le boîtier pèse 104 grammes.

L'ORDINATEUR DE POCHE ZIRE 31 DE PALM ONE

. Gérer son emploi du temps, stocker des photos, écouter de la musique numérique. Très léger (116 g), l'ordinateur Zire 31 est doté d'un écran couleur, d'un logiciel de visionnage de photos et d'un lecteur de MP3 intégré.

Exemple : L'IPOD mini Apple est le plus petit lecteur radio du monde.   ☐ VRAI   ☑ FAUX

a. Le sac Nature et Découvertes s'ouvre par une fermeture éclair sur le côté.
☐ VRAI   ☐ FAUX

b. L'ordinateur de poche comprend un écran noir et blanc.
☐ VRAI   ☐ FAUX

c. On peut voir des films sur l'ordinateur de poche.
☐ VRAI   ☐ FAUX

d. La station d'impression produit une photo en moins d'une minute.
☐ VRAI   ☐ FAUX

e. L'IPOD mini peut contenir un millier de chansons.
☐ VRAI   ☐ FAUX

f. Le sac Nature & Découvertes est en matière synthétique.
☐ VRAI   ☐ FAUX

g. Le sac est fabriqué dans la région française du Périgord.
☐ VRAI   ☐ FAUX

h. L'ordinateur de poche permet d'enregistrer des images.
☐ VRAI   ☐ FAUX

38 Vérifiez maintenant votre compréhension des quatre descriptifs de l'exercice précédent. Remplacez les parties soulignées par des mots ou expressions figurant dans ces descriptifs.

Exemple : Ce lecteur DVD est équipé d'un lecteur de cassettes audio
→ Ce lecteur DVD **est doté** d'un lecteur de cassettes audio.

a. Cette boîte renferme de nombreux secrets.

→ ....

b. Le casque de mon walkman est cassé, je dois en acheter un autre.

→ ....

c. J'ai observé attentivement le film pour bien comprendre tous les dialogues.

→ ....

d. La livraison de pizzas à la maison est un service qui marche bien le week-end.

→ ....

e. Mon anorak est garni avec des plumes d'oie, je n'ai jamais froid avec.

→ ....

f. Mon appareil pour lire les DVD est fabriqué au Japon.

→ ....

g. J'ai entreposé tous mes livres dans un placard. Maintenant, j'ai de la place.

→ ....

h. La marque Nature & Découvertes propose plusieurs styles de sacs.

→ ....

Complétez le tableau avec les éléments suivants : un Kleenex / corriger la vue, se protéger les yeux. / cire. / écrire. / allumer une gazinière, un feu. / une mappemonde / une valise / se moucher, s'essuyer. / une chaise / éclairer, décorer, parfumer. / métal, verre, plastique. / plastique, tissu, cuir. / se protéger les mains. / plastique, métal.

39

OBJET	MATIÈRE : C'est en...	FONCTION : Ça sert à....
Exemple : une chaise	bois, métal, plastique.	s'asseoir.
un stylo	....	....
....	plastique, bois.	apprendre la géographie, décorer.
une allumette	bois.	....
une bougie	....	....
des gants	caoutchouc, latex, tissu, cuir.	....
....	....	voyager, ranger ses vêtements.
des lunettes	....	....
un Kleenex	cellulose.	....

III Portraits de stars

A. Jamel Debbouze

Lisez le texte puis répondez aux questions des exercices suivants.

❶ LA STAR DU RIRE : JAMEL DEBBOUZE

❷ Le petit beur de Trappes est devenu une superstar qui profite de son succès et en fait profiter sa famille. Ses tournées au Zénith de Paris et en province affichent toujours complet.

❸ Son dernier spectacle « Jamel, 100 % Debbouze » est inspiré de sa vie et ressemble aux *stand up* américains (spectacles de comédie où l'humoriste s'adresse au public de manière informelle et raconte des histoires drôles assez courtes).

❹ Ses références artistiques sont ses idéaux : Woody Allen, Pierre Desproges, Coluche, Eddie Murphie.

❺ Pour lui, la vraie puissance comique, c'est de raconter sa vie, tout simplement. Jamel est convaincu qu'on peut aborder tous les sujets sur scène, l'antisémitisme, les problèmes des cités (d'où il vient), le chômage, la pauvreté, la misère, le FN (Front National, parti d'extrême droite) ou encore l'islamisme. Ce tchatcheur adulé des jeunes est très courtisé par les politiques et les milieux associatifs mais il n'a pas envie d'être récupéré et de cautionner un discours. Il veut être libre pour être crédible.

❻ Son parcours est déjà celui d'un grand artiste : après avoir fait le comique sur la chaîne Canal + et pendant 4 ans dans la série comique H, ses rôles au cinéma dans *Le fabuleux destin d'Amélie Poulain* et *Astérix et Obélix : Mission Cléopâtre*, l'ont rendu célèbre à l'étranger aussi.

❼ Il s'est engagé récemment dans la production cinématographique (un film sur les tirailleurs africains pendant la Seconde Guerre Mondiale : *Indigènes*) et l'écriture de textes (il compile des textes pour des spectacles ou des films). Il réfléchit aussi avec Reebook à « une street Academy » pour repérer les jeunes talents et monter des projets dans les cités.

Un petit homme qui a beaucoup d'ambition et de projets encore. Il n'en est qu'au début de sa carrière.

❽ D'après Phosphore n° 276.

Identifiez chacune des parties du texte La star du rire, Jamel Debbouze **en indiquant le n° correspondant.**

40

a. Références artistiques :   → partie n° 4
b. Références de l'article :   → ....
c. Projets :   → ....
d. Déroulement de sa carrière artistique :   → ....
e. Titre de l'article :   → ....
f. Actualité artistique :   → ....
g. Importance de la scène et thèmes développés sur scène :   → ....
h. Présentation de l'artiste   → ....

Retrouvez dans le texte La star du rire, Jamel Debbouze **les synonymes des mots et expressions suivants.**

41

Exemple : un arabe → un beur

a. à guichets fermés   → ....
b. ses modèles   → ....
c. humoristique   → ....
d. se lancer dans quelque chose → ....
e. rassembler des textes   → ....
f. un grand bavard   → ....
g. les banlieues   → ....
h. évoquer   → ....

Retrouvez dans le texte La star du rire, Jamel Debbouze **les adjectifs correspondants aux définitions suivantes.**

42

Exemple : qui fait rire → comique

a. qui est connu, renommé :   → ....
b. qui est indépendant, sans entraves, qui ne
   doit rendre des comptes à personne : → ....
c. qui se fonde sur, qui est conçu à partir de : → ....
d. qui est sûr de quelque chose, persuadé : → ....
e. qui est flatté, admiré pour des intérêts
   personnels :   → ....
f. qui est adoré, admiré avec passion : → ....
g. qui est utilisé, au détriment de sa volonté,
   pour servir un discours politique : → ....
h. dont on ne peut mettre en doute la
   véracité et l'objectivité des propos : → ....

Complétez les phrases à l'aide des adjectifs suivants : crédible, inspiré, comique, célèbre, libre, convaincu, récupéré, adulé, courtisé. **Attention, n'oubliez pas de faire les accords quand c'est nécessaire.**

43

Exemple : Les artistes à succès sont souvent courtisés par des associations humanitaires pour faire passer des messages auprès des jeunes.

a. Lorie, la chanteuse, est une jeune star .... du jeune public.

b. Son style et ses chorégraphies ont .... un grand nombre de candidats aux shows de télé-réalité comme Star Academy.

c. Un homme politique doit être .... et inspirer confiance quand il fait des discours.

d. Ces mêmes politiciens n'hésitent plus à montrer leurs sympathies pour des vedettes souvent .... pour leur image auprès des jeunes.

e. Peu d'artistes musicaux français sont .... d'agir et d'exprimer leurs convictions par rapport à l'industrie du disque.

f. Ces artistes sont .... que leur passion pour leur travail repose sur le contact établi avec le public, sur scène, pendant les concerts.

g. Coluche et Pierre Desproges sont aujourd'hui considérés comme parmi les plus grandes figures .... que la France ait connues.

h. Aujourd'hui, pour faire la promotion de leurs spectacles et devenir .... , les humoristes sont de plus en plus souvent obligés de passer à la télévision.

B. Corneille

Lisez le texte puis répondez aux questions des exercices suivants.

CORNEILLE VIENT DE LOIN

Corneille, nouvel espoir du R&B français, est devenu un personnage incontournable de la scène musicale française. Il a reçu plusieurs récompenses aux Victoires de la Musique.

Comme il le chante si bien, cet artiste vient de loin (NDLR : le titre de son premier tube est *Parce qu'on vient de loin*), du Rwanda exactement, où il a vu mourir son père et sa mère, assassinés devant ses yeux. C'était en 1994, à Kigali, capitale du Rwanda.

Il a alors 17 ans. Le pays sombre dans le génocide et près d'un million d'hommes, de femmes et d'enfants sont massacrés. Corneille, lui, s'enfuit et gagne l'Allemagne, où résident des amis de ses parents. Il se met à composer, c'est comme un exutoire.

Le chanteur est conscient que son succès vient d'une forme de compassion, même s'il est sûr de sa valeur artistique. Il pense qu'on parle un peu trop de son histoire et pas assez de sa musique. Le côté positif, c'est que sa chanson-témoignage a permis de faire ressortir de l'oubli le drame rwandais et qu'en cela, elle a eu beaucoup plus d'impact que les informations distillées dans les médias à l'époque. La voix de l'artiste est utile dans ce cas. Les gens s'identifient à lui et se sentent plus proches. D'autant plus que Corneille, malgré le drame qu'il a vécu, demeure résolument enthousiaste et transmet dans ses concerts des messages d'espoir.

Il s'est également engagé dans des actions humanitaires, pour la Croix-Rouge ou encore, pour l'Amade (Association mondiale des amis de l'enfance). Les artistes, d'après lui, font figure d'exemples pour les gens qui les écoutent. Ils peuvent transmettre des messages et ainsi avoir une influence pour faire bouger les choses dans le bon sens, pour l'intérêt de tous.

D'après Phosphore n° 282.

Rappel

Nominalisation **et** verbalisation

La **nominalisation** consiste en la transformation d'un verbe en nom.
Exemple : **corriger** > **une correction**

La **verbalisation** consiste en la transformation d'un nom en verbe.
Exemple : **un changement** > **changer**

Complétez le tableau suivant par des verbes ou des noms extraits du texte Corneille vient de loin.

44

NOMS	VERBES
Exemple : espoir	espérer
a. une nomination	....
b. un assassinat	....
c.	massacrer
d. une résidence	....
e.	informer
f. une identification	....
g. un engagement	....
h. une transmission	....

Complétez maintenant les phrases suivantes en utilisant les verbes et les noms du tableau de l'exercice précédent. Pour chaque phrase, les mentions (V), pour verbe, et (N), pour nom, vous indiquent si vous devez utiliser la forme verbale ou la forme nominale. N'oubliez pas de conjuguer les verbes ou d'accorder les noms.

45

Exemple : Lors de la cérémonie *Les Victoires de la musique*, tous les chanteurs nominés espèrent recevoir un prix.

a. On a annoncé la mort du président aux .... (N) hier soir.

b. Choisir de .... (V) en ville de nos jours est synonyme de bruit et de gêne. Alors, on préfère souvent habiter à la campagne.

c. Si la crise politique s'installe, le Président devra .... (V) un nouveau Premier Ministre.

d. Un fait divers a fait beaucoup de bruit la semaine dernière : un adolescent de 14 ans est rentré chez lui et .... (V) toute sa famille avant de se rendre à la police.

e. Certains chanteurs .... (V) pour des causes humanitaires principalement pour améliorer leur image.

f. Le .... (N) de lycéens dans une école américaine a inspiré le réalisateur Gus Van Sant pour son film *Elephant*.

g. La .... (N) des valeurs comme la tolérance et le respect des autres passe nécessairement par l'école.

h. Certains jeunes .... (V) de plus en plus aux héros de jeux vidéo. Cela peut conduire parfois à des comportements dangereux.

Soulignez l'intrus.

46

Exemple : nommé – <u>licencié</u> – choisi – sélectionné

a. un ange – une star – une tête d'affiche – un chanteur

b. un génocide – un vol – un assassinat – un massacre

c. résider – vivre – se déplacer – emménager

d. composer – rédiger – noter – écouter

e. enthousiaste – positif – optimiste – pessimiste

f. humanitaire – caritatif – fonctionnaire – bénévole

g. la menace – l'impact – le poids – l'influence

h. la compassion – la pitié – l'humanité – l'indifférence

À vous maintenant ! Faites le portrait d'une vedette de la chanson que vous aimez en utilisant les mots et expressions suivants : artiste, composer, succès, musique, disques, concerts, s'engager, talent, star.

47

....

....

....

....

....

....

....

....

....

....

....

....

....

....

C. Vanessa Paradis

Lisez le texte puis répondez aux questions des exercices suivants.

BIOGRAPHIE DE VANESSA PARADIS

Vanessa Paradis est née le 22 décembre 1972 à côté de Paris.

Le 3 mai 1980, elle apparaît pour la première fois à la télé dans l'émission « L'école des fans » où elle interprète la chanson *Émilie Jolie*.

En 1987, elle enregistre *Joe le taxi*, énorme tube qui en fera une star à l'âge de 15 ans.

En 1989, elle tourne son premier film, *Noce blanche*, pour lequel elle obtiendra le César du meilleur espoir féminin.

En 1990, Vanessa rencontre Serge Gainsbourg, célèbre auteur-compositeur français, qui sera le parolier de son 2e album, *Variations sur le même t'aime* dont plusieurs singles sont extraits : *Dis-lui que je t'aime, Tandem.* Elle reçoit alors la Victoire de la musique de la meilleure interprète féminine.

En 1991, Chanel la consacre comme emblème de son nouveau parfum, Coco.

En 1994, on la redécouvre aux côtés de Gérard Depardieu dans le film *Élisa.* Puis, en 1999, sort un autre film, *La fille sur le pont,* de Patrice Leconte, où elle partage l'affiche aux côtés de Daniel Auteuil, avant de retentir au niveau international et d'être accueillie aux USA en 2000.

C'est cette année-là que sort son album dédié à sa fille, Lily-Rose, née un an plus tôt, et à son compagnon, Johny Depp. De nombreux textes, mélodies et balades ont été créés par Vanessa elle-même. L'album se vend à 300 000 exemplaires.

Depuis la comédienne-chanteuse est apparue dans deux films aux succès modestes. Vanessa préfère désormais privilégier sa vie de famille après la naissance de son deuxième enfant, Jack, en 2002. Elle partage désormais son temps entre ses deux pays : la France et les États-Unis.

Trouvez dans le texte Biographie de Vanessa Paradis **les formes verbales correspondant aux noms figurant dans le tableau.**

48

VERBES	NOMS
Exemple : Vanessa Paradis est née	une naissance
a.	une apparition
b.	un enregistrement
c.	un tournage
d.	une redécouverte
e.	une consécration
f.	une obtention
g.	une création
h.	une préférence

Complétez les phrases en utilisant les verbes suivants : interpréter, mourir, dédier, obtenir, consacrer, redécouvrir, apparaître, se rendre compte, privilégier. **N'oubliez pas de conjuguer les verbes au temps qui convient quand cela est nécessaire.**

49

Exemple : Ce soir, la Chorale des Petits Chanteurs interprète tout le répertoire du chanteur Michel Fugain et le spectacle est déjà complet.

a. Le président François Mitterrand .... d'un cancer qu'il a caché à tous les Français de 1981 à 1992.

b. Dans le seul but de devenir célèbre, beaucoup de jeunes sont prêts à tout faire pour .... à la télévision.

c. Pour .... le permis de conduire en France, il faut réussir deux épreuves : le code et la conduite.

d. L'année dernière, le Musée des Beaux-arts de Bordeaux .... une exposition au dessinateur Philippe Gelluck, auteur du célèbre Chat (un personnage de bande dessinée).

e. En 1997, les fans de Star Wars .... la 1e trilogie (épisodes IV, V et VI) dans une version remastérisée et augmentée de quelques scènes et effets spéciaux.

f. L'écrivaine algérienne Maïssa Bey .... une grande partie de son travail aux femmes victimes de la barbarie et du poids des traditions.

g. Ma famille ...., enfin, que mon bonheur était plus important que tout le reste : ils m'ont laissé choisir ma vie.

h. Cette école de commerce .... les jeunes scientifiques au lieu des littéraires.

D. Manu Chao

Remettez les différentes parties du texte Manu Chao : biographie d'un globe-trotter **dans l'ordre.**

50

MANU CHAO : BIOGRAPHIE D'UN ARTISTE GLOBE –TROTTER

❶ Contrairement à l'époque de La Mano Negra, le chanteur vient en Europe faire sa **promotion** et y donne une série de concerts pour la sortie du deuxième album *Esperanza : Proxima Estación* en 2001.

❷ Huit ans plus tard, le groupe La Mano Negra **se forme** autour de Manu Chao. Le groupe a un succès énorme en France et à travers le monde. Les albums s'intitulent *Patchanka*, *Puta's Fever*, *King of Bongo* et *Casa Babylon*.

❸ En avril 1998 sort *Clandestino*, son premier album solo, réalisé notamment à partir d'**arrangements** sonores et musicaux conçus sur un ordinateur portable. Cet opus est couronné « Meilleur album de musique du monde » en 1999 et se vendra à 2,5 millions d'exemplaires.

❹ Manu Chao, né le 21 juin 1961 à Paris de parents espagnols, a passé son enfance en région parisienne. Fils d'ouvriers, il consacrait son temps libre à jouer au foot avec ses copains ou à écouter ou jouer du piano et de la guitare.

❺ La popularité de l'artiste après ce double succès **s'installe**, tout comme son engagement politique altermondialiste. Sept mois après sa sortie, l'album dépasse les deux millions d'exemplaires vendus.

Manu Chao habite désormais à Paris et a sorti en septembre 2004 un album **accompagné** d'un livre composé des dessins de Wozniak (du journal *Le Canard Enchaîné*) intitulé *Sibérie m'était contée*.

❻ En 1994, La Mano Negra **se sépare** et Manu s'installe à Madrid, où il restera deux années. Il envisage ensuite une aventure musicale en solo en **collaborant** avec des groupes d'Amérique Latine.

❼ Dès l'âge de 18 ans, il **se consacre** entièrement à la musique et crée successivement des groupes de rockabilly et de rock alternatif : Hot Pants puis Los Carayos.

❽ Pendant cette période riche de projets et de voyages en Amérique du Sud, le groupe, associé à la compagnie de théâtre de rue Royal de luxe, donne de nombreux concerts et **participe** au projet Cargo 92, un bateau qui relie Nantes à l'Argentine.

D'après RFI Musique.

a.	b.	c.	d.	e.	f.	g.	h.
4	......	......	......	......	......	......	......

À partir des verbes ou des noms figurant en caractère gras dans le texte Manu Chao : **biographie d'un globe-trotter, retrouvez les noms ou les verbes de la même famille.**

51

NOMS	VERBES
Exemple : se former	une formation
a. se séparer	....
b.	une collaboration
c.	un arrangement
d. promouvoir	....
e. participer	....
f. se consacrer	....
g.	un accompagnement
h. s'installer	....

Complétez maintenant les phrases suivantes en utilisant les verbes et les noms du tableau de l'exercice précédent. Pour chaque phrase, les mentions (V), pour verbe, et (N), pour nom, vous indiquent si vous devez utiliser la forme verbale ou la forme nominale. N'oubliez pas de conjuguer les verbes ou d'accorder les noms.

52

Exemple : La formation du groupe La Mano Negra s'est faite autour du chanteur Manu Chao qui a continué ensuite sa carrière seul.

a. En France, les couples .... **(V)** de plus en plus rapidement : 50 % sont déjà divorcés 12 ans après le mariage.

b. « Ce travail est le résultat d'une .... **(N)** étroite entre nos deux départements. Il a permis d'ouvrir l'entreprise à de nouveaux contacts. Félicitations ! ».

c. L' .... **(N)** de ce nouveau modem a très simple : il suffit de suivre les instructions.

d. En 2004, la cérémonie des Césars (équivalent français des Oscars) ont .... (V) le cinéma français d'auteur avec des films plus intimistes.

e. Les deux pays ont conclu un .... (N) : en échange de la libération de prisonniers de guerre, une période de paix sera observée.

f. Obtenir une .... (N) dans une entreprise est le signe d'une évolution professionnelle remarquable.

g. La .... (N) de nombreux agriculteurs au Salon de l'Agriculture est une donnée essentielle à la réussite de cette manifestation.

h. L' .... (N) psychologique des malades à l'hôpital n'est pas toujours possible : on manque d'infirmières.

E. Audrey Tautou

Lisez le texte puis répondez aux questions des exercices suivants.

AUDREY TAUTOU à la conquête d'Hollywood

Audrey Tautou est devenue grande. Son destin est assez remarquable aussi.

A 19 ans, elle débarque de Montluçon avec une heure de retard au casting du film *Vénus beauté* (en 1997). Une fois la séance finie, **effondrée**, elle éclate en sanglots. La réalisatrice encore présente assiste à la scène et s'émeut. Ella aura donc le rôle.

Cette jeune fille est un **subtil** mélange de Petit Chaperon Rouge, de Cosette et d'Audrey Hepburn, l'idole de ses parents, à qui elle doit ce prénom. Dans ses yeux brille déjà un regard **mystérieux** et **sombre**, une petite lumière **intérieure**.

En 1999, elle explose sur les écrans aux côtés de Nathalie Baye. Mais c'est en 2001, avec le film *Le **Fabuleux** Destin d'Amélie Poulain*, conte magique et **humaniste** qui attire plus de 35 millions de spectateurs à travers le monde, qu'elle accède véritablement à la notoriété .

Amélie devient un personnage mythique à Hollywood qui efface la jeune comédienne pour laisser place à la petite serveuse de Montmartre du film. Pour faire face à cette popularité **excessive**, Audrey accepte tous les seconds rôles par humilité. Elle n'a pas l'intention d'être actrice encore longtemps. « C'est un métier magnifique mais j'ai peur de la routine » dit-elle. Elle rêvait quand elle était adolescente d'être primatologue et de vivre au milieu des gorilles. Elle est d'ailleurs allée se ressourcer en Indonésie dans une réserve d'orangs-outans après le succès d'Amélie Poulain. Elle a aussi joué dans le film de Stephen Frears, *Dirty Pretty Things*, une immigrée russe qui survit à Londres dans l'univers des travailleurs clandestins.

Après un retour chez Jean-Pierre Jeunet, le même réalisateur que *Le Fabuleux Destin d'Amélie Poulain* elle tourne dans *Un long dimanche de fiançailles*, adaptation d'un livre de Sébastien Japrisot.

En 2005, elle est choisie au casting de l'adaptation du roman culte de Dan Brown *Da Vinci Code* par Ron Howard. Elle aura pour partenaire Tom Hanks et sera Sophie Neveu, la jeune cryptologue française héroïne du roman. Elle a été auditionnée avec Vanessa Paradis, Juliette Binoche, Sophie Marceau, Sandrine Bonnaire et Judith Godrèche, nos grandes actrices françaises. C'est elle qui a été choisie parce que, pour le réalisateur, c'est elle qui incarne mieux que personne la Française d'aujourd'hui. Un fabuleux destin à 26 ans !

D'après *le Nouvel Observateur* du 24 février 2005.

Voici des adjectifs extraits du texte Audrey Tautou à la conquête d'Hollywood. **Parmi les deux propositions, cochez l'adjectif qui a un sens synonyme.**

53

Exemple : remarquable : ☑ **extraordinaire** ☐ médiocre

a. effondrée : ☐ résistante ☐ abattue

b. subtil : ☐ délicat ☐ évident

c. mystérieux ☐ clair ☐ secret

d. sombre : ☐ triste ☐ éclatant

e. intérieure : ☐ différente ☐ interne

f. fabuleux : ☐ fantastique ☐ réel

g. humaniste : ☐ bienveillant ☐ malveillant

h. excessif : ☐ normal ☐ exagéré

Utilisez les adjectifs synonymes de l'exercice précédent pour compléter ces phrases.

54

Exemple : Cette actrice est entrée dans la légende comme Marilyn Monroe. Elle a eu un destin extraordinaire.

a. Quand elle est sortie de la salle d'examens, elle était épuisée et déçue de sa performance. Son avenir était menacé, elle était ....

b. Ce comportement colérique est anormal et .... Un petit garçon n'a pas à réagir de cette manière.

c. Notre père est .... , comme tous les pères avec leurs enfants : il ferait tout pour nous aider à réussir et à être heureux dans la vie.

d. La structure .... de ce meuble est endommagée mais il est encore utilisable et on ne voit pas qu'il est en mauvais état.

e. Cette chanson mélancolique et .... me rappelle mon premier amour.

f. Les enfants adorent les histoires .... pleines de monstres et de dragons.

g. C'est un homme .... et discret, qui ne parle que rarement de lui et de sa vie.

h. Les parfums dégagent des odeurs magiques et uniques, ils sont le résultat de .... mélanges de fleurs et de savoir-faire.

VRAI OU FAUX. Relisez le texte Audrey Tautou à la conquête d'Hollywood. **Puis, sans regarder le texte, répondez aux questions ci-dessous en cochant VRAI ou FAUX.**

55

Exemple : Ses parents l'ont appelée ainsi parce qu'ils adoraient Audrey Hepburn.
☑ **VRAI** ☐ **FAUX**

a. Audrey Tautou est arrivée à son premier casting en retard.

☐ VRAI ☐ FAUX

b. Le film qui va la rendre vraiment célèbre est *Vénus Beauté*.

☐ VRAI ☐ FAUX

c. Dans le film *Le Fabuleux destin D'Amélie Poulain*, elle exerce le métier de serveuse.

☐ VRAI ☐ FAUX

d. Quand elle était enfant, elle voulait s'occuper de chevaux.

☐ VRAI ☐ FAUX

e. Le film *Dirty Pretty Things*, où elle joue le rôle d'une immigrée russe, se passe à New York.

☐ VRAI ☐ FAUX

f. Elle a été choisie pour jouer dans l'adaptation de *Da Vinci Code* parce qu'elle est la plus belle des actrices françaises.

☐ VRAI ☐ FAUX

g. Elle a tourné deux fois sous la direction du réalisateur Jean-Pierre Jeunet.

☐ VRAI ☐ FAUX

h. Dans le film *Un long dimanche de fiançailles*, elle joue le rôle d'une jeune cryptologue française.

☐ VRAI ☐ FAUX

Bilans

Lisez les 2 biographies et répondez ensuite aux questions.

JACQUES CHIRAC, PRÉSIDENT DE LA RÉPUBLIQUE FRANÇAISE

Jacques Chirac est né à Paris, en 1932, d'un père administrateur de sociétés. Après son baccalauréat, il intègre Sciences-PO (Sciences Politiques) puis l'ENA (École Nationale d'Administration). À l'âge de 30 ans, il entre au cabinet du Premier Ministre de l'époque, Georges Pompidou. Il alterne les mandats locaux (conseiller municipal, député de Corrèze, maire de Paris...) et les postes gouvernementaux (Agriculture, Économie...).

Premier Ministre de Valérie Giscard d'Estaing, puis de François Mitterrand sous la première cohabitation, il échoue deux fois en 1981 et 1988 contre ce dernier aux élections présidentielles. Élu une première fois en 1995 contre Lionel Jospin (Parti Socialiste) sur le thème de « la fracture sociale », il est réélu contre Jean-Marie Le Pen (Front national) en 2002. Il est qualifié de gaffeur et de démagogue par certains, mais d'humaniste, d'hyperactif et de courageux par les autres.

AMÉLIE NOTHOMB, ÉCRIVAINE BELGE

Issue d'une illustre famille bruxelloise, Amélie Nothomb est la fille d'un ambassadeur belge.

Née au Japon en 1967, elle reste profondément marquée par la culture nippone. Au gré des déplacements de son père, elle a également vécu en Chine, à New York et en Asie du sud-est. Elle retourne en Belgique à 17 ans et suit des études gréco-latines. En 1992, son roman *Hygiène de l'assassin* est accueilli avec un énorme succès. Elle est ensuite retournée au Japon et a retranscrit son expérience déroutante dans le roman, *Stupeur et tremblements*, couronné Grand Prix de l'Académie Française en 1999. Depuis, elle publie un roman par an et se définit elle-même comme « graphomane malade de l'écriture ».

Répondez aux questions suivantes par VRAI ou FAUX sans regarder les textes.

56

Exemple : Jacques Chirac a 85 ans.

☐ **VRAI**   ☑ FAUX

a. Il a fait HEC (Haute Ecole de Commerce)

☐ VRAI   ☐ FAUX

b. Le père d'Amélie Nothomb était un diplomate belge.

☐ VRAI   ☐ FAUX

c. La culture japonaise a eu une influence certaine sur Amélie Nothomb.

☐ VRAI   ☐ FAUX

d. Après plusieurs mandats locaux, J. Chirac accède à des responsabilités nationales.

☐ VRAI   ☐ FAUX

e. Amélie a déjà obtenu le Prix Goncourt.

☐ VRAI   ☐ FAUX

f. J. Chirac s'est présenté 4 fois à l'élection présidentielle.

☐ VRAI   ☐ FAUX

g. Amélie a fait des études franco-latines.

☐ VRAI   ☐ FAUX

h. J. Chirac a travaillé au Ministère des Affaires étrangères

☐ VRAI   ☐ FAUX

Complétez les phrases par l'un des mots de la liste suivante : intégrer, se fracturer, échouer, en alternance, déplacements, retranscrire, déroutante, nippons, graphomanie. **N'oubliez pas de faire les accords quand cela est nécessaire.**

57

Exemple : Mon fils a passé le concours des Beaux-arts et a réussi sans problème. Il **intègrera** l'école en septembre.

a. J'adore la culture asiatique mais je préfère la civilisation japonaise. Les arts .... sont les plus recherchés et les plus passionnants.

b. Cet enfant de 10 ans ne fait rien d'autre qu'écrire. Il n'est intéressé par aucune autre activité. Le psychologue pense qu'il s'agit d'un cas de ....

c. Une semaine je vais à l'école, l'autre semaine je travaille dans une banque. Cela s'appelle une formation ....

d. Mon travail m'oblige à faire de nombreux kilomètres, heureusement, mes .... sont payés.

e. Il a fait une mauvaise chute à rollers, il .... le poignet et doit porter un plâtre.

f. Il n'a pas réussi son examen : il a .... dans toutes les matières à cause de son manque de travail.

g. En général, avant de rendre un devoir, je le .... toujours au propre pour me relire et être sûre de mon travail.

h. Les questions des étudiants sont souvent .... mais également intéressantes. Cela demande alors pas mal d'efforts de la part du professeur.

IV Voyages et tourisme

A. Qualifier un lieu

Développez les phrases suivantes en ajoutant les adjectifs proposés à la bonne place. Faites les accords quand c'est nécessaire.

58

Exemple : Le pont permet de découvrir une vue sur une île aux oiseaux./ suspendu – peuplé – imprenable – rare

→ Le Pont **suspendu** permet de découvrir une vue **imprenable** sur une île **peuplée** d'oiseaux **rares**.

a. Le jardin, espace du centre-ville./ public – vaste – vert – proche

→ ....

b. L'architecture de la cité du vin se dresse dans le quartier des Chartrons./ vieux – mondiale – futuriste

→ ....

c. La ville possède un patrimoine./ archéologique – beau – riche

→ ....

d. Vous pouvez faire une balade dans la forêt de pins./immense – grand – maritime

→ ....

e. Le quartier Saint-Michel se situe en bordure du fleuve et rassemble une population./ populaire – varié – méditerranéen

→ ....

f. Envie d'air, de nature, de tradition. Venez chez nous !/ grand – splendide – gourmand

→ ....

g. Granit et sables, criques et côtes : voici tous les secrets de notre littoral !/ blanc – sauvage – paisible – breton

→ ....

h. L'île accueille maintenant les estivants ravis d'emprunter ses sentiers et ses pistes./ étranger – nombreux – cyclable – pédestre – long

→ ....

Reliez les substantifs aux adjectifs appropriés.

59

NOTRE RÉGION VOUS OFFRE :

a. ses vins
b. ses productions
c. son climat
d. ses paysages
e. sa situation
f. son tourisme
g. son industrie
h. son environnement

1. multiculturel
2. géographique
3. liquoreux
4. diversifiés
5. régionales
6. vert
7. tempéré
8. florissante

Même exercice.

60

L'ÉCONOMIE DE NOTRE RÉGION, C'EST AUSSI :

a. un musée d'art
b. une station
c. un château
d. un jardin
e. un centre
f. une zone
g. une cité
h. un pôle

1. technologique
2. administrative
3. commercial
4. industrielle
5. médiéval
6. balnéaire
7. contemporain
8. exotique

Même exercice.

61

VOUS DÉCOUVRIREZ :

a. un château
b. une base
c. un îlot
d. un marais
e. un lieu
f. un parc
g. des villages
h. les éléments

2. naturels
3. fortifié
4. salant
5. sous-marine
6. rocheux
7. stratégique
8. national
9. côtiers

Quel complément convient le mieux au nom proposé ? Soulignez votre choix.

62

Exemple : un tourisme...... de poche/... de fête/... de masse

a. un office...   ...de vacances/...de tourisme/...de renseignements

b. un paysage...   ...de rêves/...de salon/...de bureau

c. un sentier...   ...de tuiles/...de mer/...de randonnée

d. un climat...   ...de météo/...de meubles/...de saison

e. un musée...   ...de crêpes/...de voyages/...d'histoire naturelle

f. une dune...   ...de chats/...de sable/...de téléphones

g. une activité...   ...de meurtres/...d'assiettes/...de loisirs

h. une visite...   ...de groupe/...de mots/...de dragons

Quel verbe convient le mieux au complément proposé ? Soulignez votre choix.

63

Exemple : goûter.../ parler.../ téléphoner...... aux plaisirs de la nature.

a. conduire.../ rire.../ respirer...   ...le grand air

b. jeter.../ admirer.../ marcher...   ...le paysage

c. manger.../ travailler.../ plonger...   ...dans un grand lac

d. changer.../ s'émerveiller.../ partir...   ...des beautés de cette terre

e. découvrir.../ participer.../ tuer...   ...une faune exceptionnelle

f. porter.../ aller à la rencontre.../ chauffer...   ...des habitants

g. déguster.../ écrire.../ mourir...   ...des spécialités culinaires

h. profiter.../ allumer.../ bouger...   ...des vacances

Reliez les éléments des deux colonnes pour associer les débuts et les fins de phrase. Aidez-vous des verbes et de leurs constructions (attention aux prépositions).

64

a. J'adore flâner...   1. ...à tous les sports de montagne possibles.

b. Je prends ma voiture et je vais sillonner...   2. ...dans les terres inconnues et sauvages.

c. La plage, c'est le bonheur de se prélasser...   3. ...dans les rues, à la tombée de la nuit.

d. Moi, pour ma santé et mon équilibre physique, je m'adonne...   4. ...des milliers de kilomètres de sentiers de randonnées.

e. Plus on s'éloigne des villes, plus on s'enfonce...   5. ...sur les petites villes de province.

f. Nous avons changé de direction et nous avons mis le cap...   6. ...les routes de campagne.

g. Voyager pour moi, c'est ne pas faire comme tout le monde, c'est sortir...   7. ...au soleil, allongé sur le sable chaud.

h. Si on pratique la marche à pied, on peut arpenter...   8. ...des sentiers battus et connaître d'autres choses.

Pour chaque substantif en caractère gras, trouvez l'adjectif correspondant.

65

Exemple : Vous rêvez d'**exotisme** ! Venez en Thaïlande !
→ **exotique**

a. Vous découvrirez la **variété** de nos palaces, de nos temples.
→ varié

b. Vous profiterez de la **tranquillité** de nos plages.
→ tranquille

c. Vous admirerez la **richesse** de notre nature.
→ riche

d. Vous partagerez la **convivialité** de nos habitants.
→ convivial

e. Vous irez à la rencontre de la **diversité** de notre patrimoine.
→ divers

f. Vous apprécierez le **dynamisme** de nos grandes villes.
→ dynamique

(used for food (v. subtle/delicate/particular))

g. Vous serez émerveillés par le **raffinement** de notre folklore.

→ ....*raffiné*...

h. Vous goûterez à la **douceur** de notre climat.

→ ....*doux (ce)*...

mild (climate) / sweet

66 Cochez l'adjectif qui n'est pas synonyme de celui figurant en gras dans la phrase.

Exemple : Découvrir d'autres pays, c'est aussi découvrir des cuisines **exotiques**.
□ étrangères – □ différentes – ☑ **tropicales**

a. En Corse, les hivers sont doux.

□ cléments – □ rudes – □ tempérés

b. J'aimerais passer une soirée tranquille au coin du feu.

□ différente – □ calme – □ paisible

c. Ce nouveau restaurant est apprécié pour son style raffiné et unique.

□ subtil – □ délicat – □ moyen

d. Préférez les gîtes ruraux aux hôtels, vous y trouverez une ambiance plus conviviale.

□ chaleureuse – □ familiale – □ universelle

e. Les traditions régionales sont le reflet de coutumes et de paysages variés
qui réjouissent tous les étrangers.

□ multiples – □ identiques – □ divers

f. Au Club Méditerranée, toutes les animations sont encadrées par de jeunes organisateurs dynamiques.

□ sympathiques – □ actifs – □ énergiques

g. Les Journées du Patrimoine, qui ont lieu chaque année en septembre, permettent de dévoiler des trésors architecturaux à des foules de plus en plus nombreuses.

□ imposantes – □ considérables – □ mineures

h. Antoine a des goûts musicaux très diversifiés : il écoute de la musique classique, de la variété, du rock, de la pop et même du rap.

□ éclectiques – □ variés – □ rares

67 Reliez les élément des deux colonnes pour indiquer les adjectifs synonymes.

a. une terre hospitalière
b. une nature attractive
c. un paysage étonnant
d. des monuments fascinants
e. un plaisir extrême
f. une végétation foisonnante
g. des lieux enchanteurs
h. un spectacle inattendu

1. intense
2. hallucinants
3. accueillante
4. luxuriante
5. surprenant
6. magiques
7. captivante
8. inhabituel

Complétez les phrases à l'aide des adjectifs suivants : intense, hallucinant, accueillant, luxuriant, surprenant, magique, captivant, inhabituel, convivial. **N'oubliez pas d'accorder les adjectifs quand c'est nécessaire.**

(68)

Exemple : Le Futuroscope de Poitiers : toute la famille a rendez-vous avec le futur dans une ambiance **conviviale**.

a. Le Parc du Futuroscope accorde beaucoup d'importance à la relation avec les visiteurs, c'est pourquoi le personnel est très ....

b. Chaque années, le parc attire de nouveaux visiteurs grâce à des attractions toujours plus ....

c. Les fans d'évasion et de découverte seront comblés par les images .... de reportages tournés aux quatre coins du monde.

d. L'étonnement sera au rendez-vous devant une scène aquatique .... qui vous permettra de vivre en direct dans le monde des planètes.

e. Pour les amateurs de sensations fortes, le spectacle nocturne garantira des moments très ....

f. Vous serez intrigués par des équipements de diffusion d'une dimension .... : une hauteur d'un immeuble de 7 à 8 étages !

g. Dans le Monde des enfants, les plus jeunes découvriront un royaume .... où ils pourront admirer le monde à l'envers et explorer de nouvelles dimensions.

h. Enfin, vous vous plongerez dans la végétation .... des Jardins de l'Europe et, au-dessus de l'eau, serez initiés à l'art paysager européen.

B. Cartes postales

Complétez chaque carte postale à l'aide des mots proposés. N'oubliez pas de conjuguer les verbes ou d'accorder les adjectifs quand c'est nécessaire.

(69)

Exemple : découvrir – sortir – suivre

Ma chérie,

Je suis arrivé dans les Pyrénées. J'ai hâte de te retrouver samedi. Voici ce que j'ai prévu, nous allons **sortir** des sentiers battus : nous allons **suivre** les chemins du Parc National des Pyrénées et **découvrir** la faune.

J'espère que tu n'as pas peur des ours !

À samedi,

Ton Édouard

to do (faire) s'adonner au sport – to do sports

a. déguster – s'adonner – flâner

to walk / wander

Coucou Gigi !

Nous sommes sur la Côte d'Azur.
Nous ...nous adonnons...
à notre sport favori : le ski nautique.
Nous ...dégustons...
de délicieux fruits de mer et nous
...flânons... dans
les rues le soir quand la chaleur tombe.

heat / heatwave

Bises

Popeye et Jean-Claude

Gilberte Furstenberg
145, rue Saint Denis
75002 PARIS

salty

b. salant – local – merveilleux

Chère Nini,

L'île de Ré est vraiment un endroit
...merveilleux... . Ce matin,
je me suis promené dans les marais
...locals... .

salt pools

Et la nourriture, quel bonheur !
J'ai goûté aux spécialités
...salants... telles que
le poisson grillé ou les crêpes.

À bientôt !

Olivier

Virginie Dollinger
31, place Jeanne d'Arc
75013 PARIS

to take a direction

c. respirer – mettre le cap – sillonner

explore

Salut Roger !

Hier, j'...ai silloné... toutes les
routes du coin sur mon vélo. À présent,
je ...mets le cap... sur le dernier
vrai village breton.
Je ...respire...
le grand air quoi !

Bisous

Paulo

Roger Carpentier
77, route de Beaumont
84120 MIRABEAU

d. plage – château – paysage

> Ma Nathalie,
>
> C'est mon deuxième voyage ici.
> J'adore cette région, ses
> _paysages_ diversifiés, son
> _château_ médiéval et plus
> loin ses _plages_ de galets.
> J'ai de quoi faire !   _pas petbles_
> Je t'embrasse et pense très fort à toi.
>
> Philippe

Nathalie Bié

33, rue Georges Braque

33400 TALENCE

e. piéton – commercial – contemporain

> Salut Dane,
>
> Ici ce n'est pas vraiment du tourisme
> vert mais j'apprécie beaucoup le musée
> d'art _contemporain_,
> les centres _commerciaux_ et les
> zones _piétonnes_. Il y a plein
> de monde et de bruit,
> mais j'aime les endroits animés.
>
> Mille bisous
>
> Ellen

Dane Grosvenor

8, rue Péligot

95880 ENGHIEN

f. de saison – sous-marin – naturel

> Cher Paul,
>
> Pas de chance ! Il pleut tous les jours.
> En mars, c'est un temps
> _de saison_.
> Comme je fais de la plongée
> _sous-marine_,
> ça ne change rien pour moi. Et puis,
> les décors _naturels_ sont
> aussi beaux sous la pluie !
>
> Amicalement
>
> Samuel

Paul Fossier

44, rue G. Dron

59200 TOURCOING

— chill, relax, be lazy

g. plonger – pratiquer – se prélasser

Chère Annabelle,

Au moment où je t'écris, je
me prélasse au soleil. Quand je
poserai le stylo,
je *plongerai*
dans l'eau bleu turquoise. Ensuite,
je *pratiquerai*
mon activité favorite : lire un bon livre
à l'ombre d'un cocotier.
shade   coconut tree
Bisous exotiques !

Isa

Annabelle Noire

11, impasse Terme

69001 LYON

h. admirer – découvrir – aller à la rencontre

Gaëtane,

Voici un petit résumé de mes aventures
au Pérou :
Je *~~suis allé~~ vais à la rencontre*
des habitants : des gens charmants
qui m'ont fait *~~découvrir~~ découvrir*
les coutumes locales.
Je n'en finis pas d' *admirer*
la grandeur des paysages.

À bientôt

Jamel

Gaëtane Lemaire

15, rue du bois du château

56100 LORIENT

C. La visite commence

Vérifiez votre compréhension écrite. Lisez le document L'Ariège puis répondez aux questions suivantes.

70

Exemple : Donnez le nom de quatre activités pouvant être pratiquées dans le département de l'Ariège. → **Les visites, le ski, les bains, les casinos.**

L'ARIÈGE

❶ L'Ariège, département transfrontalier, se divise en plusieurs pays (la Basse Ariège, la Haute Ariège), ce qui lui donnent un attrait particulier.

❷ La nature a su garder toute sa place et les lieux touristiques ont encore un caractère authentique : le plus incontournable est le château de Foix. Viennent ensuite la fameuse grotte préhistorique de Niaux, la cité médiévale construite en damier de Mirepoix, le château de Montségur, haut lieu du catharisme, ou la cathédrale de Saint-Lizier, aux fresques romanes remarquables.

❸ Ax-les-Thermes fait partie du plus grand domaine skiable de l'Ariège. On peut y pratiquer le monoski, le surf des neiges, le ski artistique ou encore le ski nordique.

❹ L'Ariège recèle également de sources thermales dont les bienfaits sont reconnus depuis des siècles pour le traitement des affections respiratoires et rhumatismales.

Enfin, pour les moments de détente, on peut profiter des « espaces forme » qui équipent les complexes résidentiels et essayer de faire fortune dans les casinos, sans oublier de faire un tour dans la principauté d'Andorre pour faire de bonnes affaires.

D'après le journal *Métro*

a. Faites la liste des lieux à visiter en Ariège.

→ ....

→ ....

b. Trouvez dans le texte les synonymes des adjectifs suivants :

Inévitable → ....

Extraordinaire → ....

Spécial, caractéristique → ....

c. Donnez un titre à chacune des 4 parties du texte.

1 ....

2 ....

3 ....

4 ....

d. Trouvez, dans le texte, un mot qui signifie **effets positifs**.

→ ....

e. Trouvez, dans le texte, un synonyme du mot **relaxation**.

→ ....

f. Trouvez, dans le texte, un adjectif qui signifie « de l'époque du moyen-âge ».

→ ....

g. Donnez une expression synonyme de l'expression **une ville d'eaux** :

→ ....

h. Trouvez, dans le texte, trois verbes qui servent à présenter une région et ses caractéristiques.

→ ....

→ ....

→ ....

Voici quelques devinettes sur des monuments de Paris très connus. Attribuez à chaque définition le nom du monument parmi la liste proposée.

71

Notre-Dame de Paris

La Tour Eiffel

Le Louvre

La basilique
du Sacré-Cœur

Le Pont-Neuf

Le musée d'Orsay

La Place des Vosges

L'Arc de Triomphe

Le Louvre

Le centre Georges
Pompidou

Exemple : Construite en 1889 pour l'exposition universelle, je suis le monument le plus visité de Paris : 6 millions de visiteurs en 2004. Je porte le nom de l'ingénieur qui m'a conçue. Je mesure 320,75 mètres de haut et, depuis 1925, je suis surmontée d'une antenne de télévision. On m'appelle « La Grande Dame » ou « la dame de fer ». Qui suis-je ?
→ **La Tour Eiffel**

a. Je permet de traverser la Seine à pieds secs depuis 1604, année où le roi Henri IV m'a donné mon nom. Aujourd'hui, une statue équestre orne ma partie centrale, sur le terre-plein de l'île de la cité. Qui suis-je ?

→ ....

b. Je suis un lieu de culte et de prière en plein cœur de Paris. Mes deux tours s'élèvent à 70 mètres de haut. Devant mon entrée, une plaque dans le sol indique le kilomètre 0, point de départ des routes nationales. Je suis également le titre d'un roman de Victor Hugo. Qui suis-je ?

→ ....

c. Je suis à l'origine un château fort. À partir du règne de François Ier, je subis de longs travaux d'aménagements pour être transformé en résidence royale. À l'époque de la révolution, j'accueille mes 1res expositions puis je deviens rapidement un musée permanent. Depuis 1999, et après de longs travaux de rénovation, je deviens le 3e musée au monde après le *Metropolitan Museum of Arts* de New York et le *musée de l'Ermitage* à Saint Petersbourg. Qui suis-je ?

→ ....

d. Construite de 1605 à 1612 par Henri IV, j'ai une réplique exacte dans la ville de Charleville-Mézières. De forme carrée, toutes les maisons qui m'entourent sont construites de la même manière. Au rez-de-chaussée, une galerie couverte permet aux promeneurs de se promener le long des boutiques. J'ai été habitée par des comédiens ou des écrivains comme Victor Hugo. Je porte aussi le nom d'un département de l'est de la France. Qui suis-je ?

→ ....

e. Ma construction a débuté en 1971 et j'ai été inauguré en 1977. Je suis fait de gros tuyaux peints de toutes les couleurs suivant leur utilité : les jaunes pour l'électricité, les verts pour l'eau et les bleus pour l'air. Je porte le nom d'un président de la république qui aimait beaucoup l'art moderne. Qui suis-je ?

→ ....

f. Je suis un lieu de culte dont la construction a débuté en 1875 et s'est achevé en 1914. Je suis située au sommet de la butte Montmartre et offre un superbe panorama de Paris. Qui suis-je ?

→ ....

g. Je suis une ancienne gare. Inaugurée en 1898, j'étais alors la plus belle des gares parisiennes. J'ai subi d'importants travaux entre 1983 et 1986. Depuis, je n'abrite plus ni trains ni voyageurs, mais des œuvres d'art, essentiellement de l'art français datant de 1848 à 1914, et notamment de très belles collections de peintures impressionnistes. Qui suis-je ?

→ ....

h. Commandé par Napoléon en 1806 pour célébrer la victoire de la bataille d'Austerlitz, j'ai été achevé en 1836. Inspiré de l'architecture romaine, je suis haut d'une cinquantaine de mètres et porte un haut relief sur chacun de mes quatre piliers. Sous ma voute, se trouve la tombe du Soldat inconnu de la 1re guerre mondiale ainsi qu'une flamme éternelle, ravivée tous les soirs à 18h30, qui commémore son souvenir. Qui suis-je ?

→ ....

Pour chaque série de mots, soulignez l'intrus.

72

Exemple : la France – l'hexagone – la métropole – <u>la grande bleue</u>

a. les touristes – les déménageurs – les vacanciers – les visiteurs

b. la saison touristique – les vacances scolaires – la haute saison – le printemps

c. déserter – séjourner – résider – loger

d. une promenade– un dîner – une excursion– une randonnée

e. une attraction – un monument – un immeuble – un site touristique

f. un loisir – un passe-temps – un hobby – une obligation

g. une auberge – un bungalow – une tente – une résidence

h. une offre spéciale – une réduction – une promotion – une résolution

Reliez les groupes de mots de chaque colonne ayant une signification opposée.

73

a. une promenade organisée
b. un vol charter
c. une auberge bien située
d. un tour operator efficace
e. un chalet tout confort
f. un temps splendide
g. un accompagnateur expérimenté
h. des animations passionnantes

1. un hôtel excentré
2. un voyagiste peu recommandable
3. Une météo exécrable
4. une excursion à l'aventure
5. un billet d'avion 1ʳᵉ classe
6. un gîte mal équipé
7. des divertissements ennuyeux
8. un guide novice

Complétez les phrases en cochant la bonne proposition. Plusieurs réponses sont parfois possibles.

74

Exemple : .... est la première destination touristique mondiale.
La France ☑ L'Espagne ☐ La Chine ☐

a. Après les attentats du 11 septembre 2001, le tourisme mondial a été marqué par un net
....

ralentissement ☐ rebond ☐ augmentation ☐

b. Les régions du nord de la France, très à la mode en ce moment, ont vu leur fréquentation augmenter tandis que les régions du sud ont vu leur nombre de visiteurs ....

baisser ☐ diminuer ☐ progresser ☐

c. Ces résultats sont en partie dus à la .... d'autres destinations meilleur marché, en Europe de l'est ou au Maghreb par exemple.

compétition ☐ confirmation ☐ concurrence ☐

d. Le Ministère du Tourisme français a constaté que les .... des pays euro-péens proches (Allemagne, Italie, Autriche, Scandinavie, Pays-Bas) sont beaucoup moins nombreux à venir visiter notre pays.

européens ☐   vacanciers ☐   touristes ☐

e. C'est principalement la .... à fort pouvoir d'achat (Américaine et Japo-naise) qui a effectué le plus de dépenses en France.

classe ☐   troupe ☐   clientèle ☐

f. Les Français, quant à eux, ... de plus en plus en Afrique du nord ou aux États-Unis.

vivent ☐   séjournent ☐   visitent ☐

g. En raison de la baisse du pouvoir d'achat, on observe chez les vacanciers français une géné-ralisation de la diminution des ....

alimentations ☐   circulations ☐   dépenses ☐

h. La clientèle .... est plus nombreuse que la clientèle étrangère (un touriste sur 4 seulement vient de l'étranger).

mondiale ☐   métropolitaine ☐   française ☐

75 Remettez les mots dans l'ordre pour reconstituer les phrases.

Exemple : Français / hors / leurs / préfèrent / Beaucoup / vacances / de / prendre / scolaires / périodes / . /
→ Beaucoup de Français préfèrent prendre leurs vacances hors périodes scolaires.

a. destination / Américains / nombreux / . / comme / choisir / touristique / à / la / très / France / Les / sont /
→ ....

b. stable / . / Le / visitant / deux / nombre / est / pays / notre / de / trois / touristes / ans / depuis / ou /
→ ....

c. vacances / J' / pour / adorerais / en / un / prochaines / faire / mes / . / séjour / Suède /
→ ....

d. représentent / En / étrangers / , / le / espagnols / été / les / nombre / voyageurs / vacanciers / plus / de / grand / . /
→ ....

e. Corse / . / perdu / raison / liés / La / a / touristes / problèmes / nationalisme / des / en / de / nombreux / dernièrement / au /
→ ....

f. de / certaines / les / inquiète / . / plus / aériennes / voyageurs / compagnies / plus / insécurité / L' / sur / en /
→ ....

g. souvent / Français / plus / temps / . / les / travail / Grâce / , / réforme / courts / pour / plus / partent / mais / de / du / vacances / des / à / la / en / séjours
→ ....

h. Français / possibilité / luxe / de / Avoir / encore / pour / la / voyager / reste / un / nombreux / de / . /
→ ....

Voici des témoignages de jeunes gens sur leurs endroits favoris pour des escapades en France. Complétez chaque texte à l'aide des mots proposés.

76

Exemple : Témoignage de Marie-Louise et Dora, 24 ans, étudiantes.
Aller – se déplacer – déguster

« On aime bien **aller** en Saône et Loire, à Colombier, sur la place du village. Le resto est très sympa et on peut **déguster** de la bonne cuisine du terroir. C'est calme, même pendant les vacances, et on peut **se déplacer** tranquillement sans se marcher sur les pieds. »

a. Témoignage de John et Marie, 23 ans, étudiants en pharmacie.

tranquillité – rues – plage

« Visiter la Côte Basque, c'est le rêve ! On préfère Saint-Jean-de Luz et ses .... commerçantes. Pour le surf et la ...., c'est Bidart. Pour la ...., nous allons à Guéthary : son petit port typique est très calme. »

b. Témoignage d'Isa, 20 ans, et Philippe, 22 ans, étudiants en arts plastiques.

falaise – plongeon – côte

« Le paradis, c'est à Cassis, un petit port de pêche sur la .... d'Azur. La ville est bordée par le cap Canaille, la plus haute .... maritime d'Europe (394 m). L'été, pour supporter la chaleur, faites un .... dans l'eau cristalline qui borde les calanques ! »

c. Témoignage de Fred, 27 ans, magicien, et Max, 22 ans, marionnettiste.

régionaux – piétonnes – pittoresques

« On adore Sarlat. Pour nous, c'est l'une des villes les plus .... du Périgord avec ses petites rues .... et son marché couvert. On y trouve d'excellents produits .... Ça mérite vraiment le détour ! »

d. Témoignage de Sofia, 28 ans, et Carla, 26 ans, infirmières.

vignobles – paysages – châteaux

« Nous, on va souvent en Bourgogne, près de Dijon. Les .... sont très reposants. Nous aimons nous promener dans les .... et nous arrêter dans les .... pour goûter les grands crus. »

e. Témoignage de Yolande, 21 ans, et Manuel, 24 ans, étudiants en droit.

cerf-volant – promenades – sable

« On vous conseille la Vendée. Vous apprécierez les .... sur les longues plages de .... fin. Profitez du vent ! Il décoiffe mais vous garantit de bonnes parties de plaisir si vous avez un .... »

f. Témoignage de Maud et Patrick, 19 ans, étudiants en biologie.

naturel – animaux – dormir

« Le Parc National des Pyrénées, c'est un espace .... exceptionnel. Il y a une très grande biodiversité et les .... y sont complètement libres. On adore .... à la belle étoile, c'est comme ça qu'on établit un vrai contact avec la nature. »

g. Témoignage de Jonathan et Céline, 22 ans, étudiants en médecine.

généreux – baignade – amoureux

« Nous sommes des inconditionnels de l'île de Ré. Le soleil y est .... toute l'année et les grandes plages sont propices à la .... et à la pêche au filet. C'est le lieu idéal pour les .... de l'océan. »

h. Louise et Manuelle, 24 ans, stagiaires en commerce international

traditionnels – contraste – rouge

« Notre escapade préférée, c'est aller au cœur du Pays Basque. Nous aimons l'atmosphère colorée des villages ....

Le .... des volets et des piments qui sèchent sur les murs forment un .... saisissant avec le vert des pâturages. »

Voici des témoignages de personnes à la recherche d'une destination pour une escapade durant l'été. Proposez une destination qui leur conviendrait parmi les endroits suivants : Colombier, la Côte Basque, Cassis, les Pyrénées, l'Île de Ré, le Pays Basque, Sarlat, la Bourgogne, la Vendée. **Référez-vous aux témoignages de l'exercice précédent pour vous aider.**

(77)

Exemple : « Je cherche un endroit à la fois paisible et convivial où je pourrai goûter aux plats locaux. »
→ Colombier

a. « J'adorerais passer quelques jours au bord de l'Atlantique, pouvoir goûter le grand air pur, me baigner et bien sûr taquiner le poisson. Le seul problème, c'est qu'on ma dit qu'il pleuvait souvent... »
→ ....

b. « Nous cherchons un endroit où nous pourrons pratiquer des activités nautiques. Nous préférons les lieux animés mais nous aimons aussi nous promener dans des endroits plus calmes et plus authentiques. »
→ ....

c. « J'aimerais passer quelques jours dans une ville française typique, découvrir le commerce local et acheter des produits du terroir. »
→ ....

d. « Passionnée d'écologie, j'aime me plonger dans des endroits sauvages préservés de toute activité humaine. »
→ ....

e. « J'aime découvrir les coutumes qui perdurent en milieu rural. Je suis aussi intéressé par les habitats régionaux. »
→ ....

f. « Nous sommes à la recherche de grands espaces. Nous adorons marcher le long du littoral. La bise ne nous dérange pas, en revanche nous craignons les grosses chaleurs. »
→ ....

g. « J'aime les paysages vallonnés et je suis passionné par tout ce qui concerne le vin et sa fabrication. »
→ ....

h. « Je cherche un endroit au climat chaud, au bord de la mer. J'adore me baigner, surtout quand l'eau est limpide. »
→ ....

Culture et Loisirs

A. Les chorales

LE BOUM DES CHORALES

Deux ans après sa sortie en 2004, le film *Les Choristes*, de Christophe Barratier, n'arrête pas de séduire. Près de 9 millions de personnes ont vu le film au cinéma et 700 000 exemplaires de la **bande originale** ont été vendus. Le film a même battu l'autre record d'entrées de l'année 2004 : *Shrek 2*.

L'action se déroule en 1949, dans un **pensionnat** de la Drôme où des **mômes** au comportement difficile sont remis dans le droit chemin par un pion **mélomane** qui les réunit dans une chorale. Le rôle du **pion** est joué par Gérard Jugnot, acteur très apprécié du grand public pour avoir souvent incarné à l'écran des héros ordinaires : des monsieur-tout-le-monde avec leurs qualités et leurs défauts et qui accomplissent l'acte héroïque de manière complètement désintéressée. C'est le cas notamment avec le film *Monsieur Batignole*, dans lequel Gérard Jugnot incarne un petit commerçant qui, pendant la 2e guerre mondiale, s'accommode très bien de l'occupation allemande avant de prendre tous les risques pour sauver un petit garçon juif.

Le succès de ces films, à l'instar du *Fabuleux destin d'Amélie Poulain*, montrent à quel point le public français est touché par les notions d'idéalisme et d'humanisme.

Depuis le succès du film de Christophe Baratier, les **vocations** de choriste ne cessent de croître. Les **apprentis** chanteurs sont de plus en plus nombreux et viennent grossir des chorales pourtant jugées désuètes il y a encore quelques années.

Le Président de la République, Jacques Chirac, a même souhaité à l'occasion de ses vœux pour l'année 2004 la création d'une chorale dans chaque école, afin de stimuler l'éveil musical et artistique des jeunes français. On peut espérer que l'effet « choristes » ne soit pas juste un effet de mode...

78 **Reliez les mots extraits du texte** Le boum des chorales **à leurs définitions.**

a. le boum
b. une bande originale
c. une vocation
d. un pensionnat
e. les apprentis
f. un pion
g. des mômes

h. un mélomane

1. Un surveillant (dénomination officielle : « assistant d'éducation »).
2. Mot familier désignant « les enfants ».
3. Personne passionnée par la musique classique.
4. Personne qui apprend un métier, une profession.
5. La musique d'un film.
6. Maison d'éducation privée où sont logés et nourris les élèves.
7. Une attirance, un penchant, une disposition pour un domaine particulier.
8. Une augmentation brusque.

Complétez les phrases avec les mots de la liste suivante : boum, pensionnat, apprenti, pion, mômes, mélomane, chorale, bande originale, vocation. **Aidez-vous des définitions de l'exercice précédent et n'oubliez pas les accords.**

(79)

Exemple : De plus en plus de **chorales** sont créées dans les villes pour répondre à la demande de nombreux enfants ayant envie de chanter dans un chœur.

a. Quand les enfants habitent loin de leur école, ils vont alors dans un .... , où ils étudient et vivent avec d'autres élèves.

b. « Ah, les .... d'aujourd'hui, s'écrie la vieille femme, ils ne sont plus aussi dynamiques qu'avant : au lieu de jouer dehors, ils passent leur temps devant un écran d'ordinateur ou de télévision ! ».

c. Dans les écoles, les .... jouent un rôle très important : ils surveillent les cours de récréation et sont proches des jeunes.

d. La télé-réalité suscite de nouvelles .... : de plus en plus de jeunes veulent devenir des stars de la chanson ou de la danse.

e. Le bac professionnel permet à des jeunes de faire une formation en alternance et d'être .... chez un artisan ou dans une entreprise.

f. Entre 1945 et 1970 la natalité a été très élévée en France : cette période s'appelle le baby-......................... .

g. La .... du film Titanic est interprétée par Céline Dion.

h. « Les journées de Nantes » est un festival de musique classique qui attire un grand nombre de .... capables d'assister à des concerts durant toute la journée.

Relevez dans le texte Le boum des chorales **les synonymes des mots et expressions suivants.**

(80)

Exemple : une œuvre cinématographique → un film

a. un internat   → ....
b. des enfants   → ....
c. une attitude   → ....
d. réaliser   → ....
e. à l'exemple de   → ....
f. être ému par   → ....
g. démodées   → ....
h. exciter   → ....

Complétez les phrases avec les mots de la liste suivante : millionnaire, documentaire, écrans, cinématographie, record d'entrées, spectateur, production, bande originale, tickets. **Attention aux accords !**

(81)

Exemple : La **bande originale** du film *Les Choristes* s'est vendue à 700 000 exemplaires et fait maintenant partie de la mémoire collective des Français.

a. L'année 2004 a été l'année des cinéphiles : les cinémas français ont battu des ....

b. 196 millions de .... ont été vendus en 2004, ce qui correspond à la plus grosse fréquentation depuis 1984.

c. 48 films ont attiré au moins un million de ....

d. Sur ces 48 films ...., 16 sont des films français.

e. Au total, 560 films inédits en salle sont sortis sur les .... en 2004, soit 49 films de plus qu'en 2003.

f. Cette progression est due d'une part à l'augmentation de la .... française, qui enregistre une progression de 22 films.

g. Elle est liée d'autre part à l'augmentation du nombre de films .... : 33 films supplémentaires en 2004.

h. Enfin, cette hausse reflète une présence accrue des .... espagnole et allemande : respectivement 15 et 11 nouveaux films en 2004.

LES CHORISTES

Le succès du film *Les Choristes* a projeté sur le devant de la scène les Petits Chanteurs de Saint-Marc, chorale composée uniquement d'enfants de 10 à 15 ans. C'est cette formation musicale qui en effet avait été choisie par Christophe Baratier, le réalisateur des *Choristes*, pour doubler toutes les scènes de chant. Dans la lancée du succès du film, le chœur du collège de Saint-Marc a fait une tournée triomphale dans un répertoire original. Mais la star incontestable est Jean-Baptiste Maunier, seul élève de la chorale à apparaître à l'écran, et pas dans n'importe quel rôle puisqu'il s'agit du rôle principal. Sa popularité a grandi avec le succès du film. Depuis, il a également été invité à vocaliser sur de nombreux plateaux télé.

Le succès de la tournée tient aussi à l'éclectisme des chansons proposées sur scène qui vont de l'*Ave Maria* à *La Bohême, Tu verras, tu verras* ou encore l'*Hymne à l'amour*, en passant par des musiques de films telles que *Himalaya* ou *Microcosmos*.

Il est bon de spécifier que cet ensemble vocal ne sort pas de l'anonymat. Il a été fondé en 1986 et est devenu l'emblème de la Basilique de Fourvière, à Lyon, en enregistrant des disques autour d'un répertoire sacré comme profane ou en effectuant des tournées à l'étranger (Japon, États-Unis).

Avec sa nouvelle popularité, le chœur a doublé ses engagements et donne 80 concerts par an avec une alternance d'une trentaine de chanteurs qui ont l'autorisation de s'absenter 2 journées par mois du collège.

Les solistes perçoivent 90 € par prestation et les choristes 50 € d'argent de poche, puisque leurs parents ne voulaient pas qu'ils soient rémunérés.

Une belle aventure en somme !

Donnez les synonymes que vous trouverez dans le texte Les choristes des mots ou expressions suivantes.

(82)

Exemple : chanter → vocaliser

a. figurer dans le film → ....

b. série de concerts qui ont remporté un énorme succès

→ ....

c. méthode qui consiste à combiner plusieurs domaines divers et variés

→ ....

d. la notoriété, la renommée → ....

e. étranger à la religion, non initié à la religion → ....

f. figure symbolique → ....

g. musicien ou chanteur qui exécute tout ou partie d'une œuvre écrite pour un seul instrument ou une seule voix → ....

h. payer en échange d'un travail → ....

Complétez les phrases avec les mots de la liste suivante : soliste, tournée triomphale, vocaliser, percevoir, rémunérer, éclectique, popularité, l'emblème, apparaître à l'écran. Attention aux accords !

83

Exemple : Quand je suis de bonne humeur le matin, j'aime bien **vocaliser** sous la douche.

a. Vanessa Paradis est .... pour la dernière fois en 2005 dans le film *Mon Ange*.

b. Après le succès de son album *Confessions on a dance floor*, Madonna a effectué une .... à travers le monde.

c. Les critiques n'ont globalement pas été très positives pour cet orchestre, à part pour le .... au piano : le public a ovationné sa prestation.

d. « Pour ce travail, j'ai été .... 200 €. C'est pas mal. J'ai pu m'acheter un appareil photo avec ça. »

e. Le chanteur Francis Cabrel a une énorme .... en France : tous ses concerts affichent complet et ses disques sont toujours des succès.

f. La World Music constitue un courant musical très .... : elle offre une vitrine internationale à des artistes de tous les continents.

g. En devenant l'acteur français le mieux payé en 2005, Jamel Debbouze est aussi devenu .... d'une intégration réussie.

h. « J'ai bien apprécié ce concert de musique classique, mais je ne peux pas vraiment en dire plus : je suis complètement .... »

B. La lecture

Un sondage a été effectué en juillet 2004 auprès des 15-25 ans sur le thème : « Aimez-vous lire ? ». Attribuez à chaque témoignage proposé un adjectif de la liste suivante : soporifique, ennuyeux, vital, captivant, enrichissant, démodé, inutile, distrayant, passionnant.

84

Exemple : Dans la vie, j'adore deux choses : aller au cinéma et lire. Lire c'est une activité qui me fait rêver, me donne envie de découvrir tous les écrivains et tous les styles d'écriture. C'est une grande passion pour moi. → Lire, c'est **passionnant**.

a. « Quand on lit, on apprend plein de choses, on devient plus intelligent et plus cultivé.

→ Pour moi, la lecture c'est .... »

b. « Quand je lis un roman, je ne peux plus en sortir, j'ai envie de connaître la fin et je n'arrive plus à m'arrêter.

→ Lire, c'est .... »

c. « Lire permet de se détendre l'esprit, de passer le temps agréablement, de pratiquer une activité qui me fait oublier le stress de la vie.

→ Pour moi, lire, c'est .... »

d. « Lire, c'est essentiel dans la vie, c'est très important, c'est comme faire du sport. On ne peut pas passer une journée sans que l'esprit ait besoin de s'aérer en parcourant un bon livre.

→ Lire, à mon avis, c'est .... »

e. « Moi, je n'arrive pas à lire, c'est trop répétitif et, si je suis obligé de lire, au bout de quelques minutes, j'oublie tout. Mon attention est vite détournée du livre. Je pense que c'est une perte d'énergie et de temps. Je n'y trouve aucun intérêt ni plaisir.

→ Lire, d'après moi, c'est .... »

f. « Je pense qu'avec le développement de l'Internet, lire un roman n'est plus de notre temps, c'est fini. Plus personne ne s'y intéresse, on préfère aller sur le Net ou jouer aux jeux vidéo.

→ Lire, c'est .... »

g. « Prendre un livre, franchement ça ne sert à rien. On a toutes les infos qu'on veut sur le Net. Lire, ça ne fait pas partie de mon quotidien.

→ C'est .... » pour moi.

h. « Lire, ça m'endort. Je lis une page et mes yeux se ferment. Impossible de me concentrer sur une ligne.

→ C'est .... »

Voici une liste d'adjectifs synonymes de ceux de l'exercice précédent. Classez-les dans le tableau en fonction de leur caractère positif ou négatif : prenant, fastidieux, monotone, délassant, divertissant, lassant, embêtant, passionnant, indispensable

(85)

Positif	Négatif
Exemple : passionnant	
→	→ ....
→	→ ....
→	→ ....
→	→ ....

Placez ces mêmes adjectifs : monotone, fastidieux, prenant, délassant, passionnant, indispensable, embêtant, divertissant, lassant dans les phrases suivantes. Faites bien attention au contexte de chaque phrase et n'oubliez pas les accords.

(86)

Exemple : J'ai un travail **passionnant**, je peux voyager et apprendre en même temps et cela me plaît énormément.

a. Ce travail est très .... ; je n'ai pas le temps de faire autre chose.

b. J'ai oublié mon dictionnaire à la maison. C'est .... , je vais avoir des difficultés pour faire l'examen.

c. Pour effectuer ce parcours, il est .... que tu aies de bonnes chaussures de
marche.

d. Prendre un bain le soir après une longue journée, c'est très .... Ça aide
à oublier la fatigue et les soucis.

e. Certaines personnes disent que les programmes de télé-réalité sont .... ,
qu'ils apportent de la joie et de la bonne humeur et permettent de se détendre le soir.

f. Ce texte contient vraiment trop de détails. Le 2ᵉ chapitre est pour ainsi dire une énumération
de noms, de personnages et de lieux : la lecture est vraiment ....

g. Avoir une vie .... peut parfois peut mener à la dépression. Il faut savoir
changer ses habitudes et partir en vacances régulièrement pour éviter l'ennui.

h. Ce prof répète toujours la même chose et ses cours sont à mourir. C'est ....
de l'écouter parler pendant des heures.

❶ LA LECTURE

❷ Un sondage récent révèle que malgré l'importance du Web, des SMS (*Short Message Service*
ou en français courant « texto »), des radios, des CD, des jeux vidéo et de la télé, l'écrit et le
roman sont encore compatibles avec l'époque dans laquelle vivent les jeunes.

❸ En fait, les adolescents ne sont pas hostiles à l'écrit, ils y accèdent simplement par d'autres
moyens, avec les nouvelles technologies ou dans l'enseignement.

❹ En effet, les supports électroniques sont jugés très efficaces au plan personnel (envoyer un
courriel, un SMS, lire une newsletter, ou pour consulter la presse sur Internet) ainsi qu'au
plan communautaire (l'appartenance au groupe des 15-25ans).

❺ Les jeunes s'accordent pour dire que l'enseignement de l'écrit à l'école (lecture, écriture,
français) est plutôt mauvais (44 %).

❻ Le point le plus important serait que les professionnels de l'éducation trouvent des conte-
nus qui plaisent et des formes plus adaptées à l'école (par exemple, l'utilisation de la bande
dessinée).

❼ Malgré ces chiffres assez alarmants, les garçons continuent à plébisciter les BD et les mangas (74 %) et les filles la littérature actuelle ou contemporaine.

❽ On constate également que la littérature grand public (Stephen King, Bernard Werber) et
transgénérationnelle (Marc Lévy) et l'effet cinéma (J.R.R Tolkien pour *le Seigneur des Anneaux*)
persistent alors que les classiques reculent (Zola, Baudelaire, Balzac...).

❾ Pour conclure, la question posée aux adolescents a été de savoir quel type de personnage
célèbre ils aimeraient devenir. Le patron ou chef d'entreprise arrive en tête (26 %). Le grand
écrivain n'est pas si mal placé, juste derrière le grand musicien (20 %) ou l'acteur de cinéma
(18 %) mais devant le grand sportif (8 %) ou la star de la télévision (7 %) très à la mode. Voilà
qui est surprenant pour l'époque !

D'après *Phosphore*. Juillet 2004

Voici les questions posées lors du sondage qui a servi à la rédaction de l'article La lecture. **Indiquez à quelle partie du texte chaque question correspond.**

87

Exemple : Nommez quelques-unes de vos activités de loisirs ? → ❶

a. Pensez-vous qu'avec le développement des nouvelles technologies, l'écrit pourrait disparaître ? → ......

b. Quels sont vos auteurs préférés ? → ......

c. Quel type de personnage célèbre aimeriez-vous devenir ? → ......

d. Pensez-vous que l'écrit (lecture, écriture) est bien enseigné à l'école ? → ......

e. Quels sont vos genres de livres préférés ? → ......

f. Que pourrait-on faire pour améliorer l'enseignement de l'écrit ? → ......

g. Aimez-vous encore lire ou écrire ? → ......

h. À quoi servent les nouvelles technologies pour vous ? → ......

Voici certains des mots du texte La lecture **utilisés dans un autre contexte. Trouvez les expressions synonymes des parties soulignées parmi la liste suivante :** constater, alarmant, demeurer, consulter, arriver en tête, plébisciter, accéder à, hostile, révéler . **Conjuguez les verbes et accordez les adjectifs quand c'est nécessaire.**

88

Exemple : On **remarque** dans ce sondage que l'écriture et la lecture sont toujours importants actuellement → **on constate que**

a. Une enquête auprès des 15-25 ans **montre** que cette tranche d'âge s'intéresse de plus en plus au monde et à ses problèmes. → ....

b. Les lycéens ne sont pas **opposés** à la politique : ils expliquent simplement qu'ils la trouvent ennuyeuse. → ....

c. Si vous avez besoin d'informations, vous pouvez **examiner** ces différents magazines. Cela vous aidera. → ....

d. Lors des élections présidentielles de 2002, les français **ont choisi à une large majorité** Jacques Chirac face à Jean-Marie Le Pen. → ....

e. Ces nouvelles sont assez **inquiétantes**. J'espère que l'on aura des informations sur les otages très bientôt. → ....

f. De grandes stars de la chanson française telles que Charles Aznavour, Henri Salvador ou Johnny Halliday **restent encore** très présentes dans le paysage musical français.
→ ....

g. On peut **rentrer dans** une grande école si l'on est excellent en sciences et si l'on travaille énormément. → ....

h. Depuis 1998, Zinedine Zidane **est premier** du classement officiel des personnalités préférées des Français. → ....

Lisez les 4 critiques de films puis répondez aux questions des exercices pour vérifier votre compréhension.

LES INDESTRUCTIBLES (THE INCREDIBLES), film américain d'animation.

Un mystérieux commanditaire propose une nouvelle mission à un super héros mis à la retraite de force, Monsieur Indestructible.

Le réalisateur, Brad Bird, s'est allié au savoir-faire et à la fantaisie des studios Pixar (*Le Monde de Nemo, Toy Story...*) pour donner naissance à une petite merveille d'humour. Le cinéaste fait de nombreuses références au cinéma d'action (gadgets, bases secrètes...) et aux *comics* (présence d'un méchant et d'un super héros...) en utilisant avec brio l'image de synthèse. Les adultes adoreront la dérision. Quant aux spectateurs plus jeunes, ils raffoleront des gags et des couleurs génialement kitch. Un film conçu par une équipe jeune et créative qui dépoussière le cinéma d'animation et met au placard les studios Disney.

UN LONG DIMANCHE DE FIANCAILLES, film français de Jean-Pierre Jeunet, adapté du roman de Sébastien Japrisot.

Mathilde conserve l'espoir insensé que son seul amour, Manech, n'est pas mort dans les tranchées de la guerre 14-18 et s'entête à vouloir retrouver son amant disparu.

Le réalisateur Jean-Pierre Jeunet, depuis l'énorme succès de son film *Le fabuleux Destin d'Amélie Poulain*, utilise son génie et son goût de l'image pour nous bluffer avec une esthétique monumental, quelquefois un peu trop pittoresque pour susciter l'émotion. En revanche, il a superbement recréé l'univers ténébreux et inhumain de la 1re guerre mondiale en utilisant un style d'une impitoyable réalité. Si le film rate le coche de l'émotion, il séduit sans aucun doute par la beauté des images soigneusement stylisées. Quant à Audrey Tautou, héroïne touchante et troublante, elle confirme son statut d'actrice incontournable du cinéma français.

SPIDER-MAN 2, film américain de Sam Raimi.

Le film nous décrit un héros pris entre sa mission de justicier et sa position d'homme. C'est là toute l'habileté du film dans lequel Tobey Maguire interprète avec toute sa sensibilité les tourments de notre super héros. Passant habilement de l'humour à l'action, Sam Raimi nous comble avec cette suite qui, une fois n'est pas coutume, n'a rien à envier au premier volet de la série. Entre effets spectaculaires et détails réjouissants, le divertissement est garanti.

SHREK 2, film américain d'Andrew Adamson, Kelly Asbury et Conrad Vernon.

Le film nous emmène à nouveau au pays de Shrek et de sa princesse Fiona, mariés pour le meilleur et pour le pire. L'ogre vert en 3D n'est pas le genre à plaire à sa belle famille qui veut l'éliminer. Les gags, un peu moins sales que dans le premier opus, et les clins d'œil parodiques se succèdent dans un décor étonnant, sorte de bric-à-brac poilant et décalé, volontairement aseptisé, qui se moque d'Hollywood autant que de Disneyland. La suite désopilante de ce conte de fées au pays des ogres séduit par la virtuosité de ses effets spéciaux, ses dialogues ironiques et sa perfection esthétique. Nul doute que cette suite des aventures de Shrek saura à nouveau remplir les salles obscures.

Répondez à chacune des questions. Les réponses figurent dans les 3 critiques que vous aurez préalablement lues.

89

Exemple : Comment appelle-t-on la personne qui dirige le tournage d'un film ?
→ **Le réalisateur**

a. Comment s'appellent le texte des paroles échangées par les personnages ?

→ ....

b. Comment appelle-t-on le (la) personnage principal(e) d'un film ?

→ ....

c. Donnez un synonyme de *dessin animé* ?

→ ....

d. Quel nom donne-t-on à une société qui fabrique des films ?

→ ....

e. Comment appelle-t-on les procédés techniques qui permettent de réaliser des trucages ?

→ ....

f. Comment s'appellent l'(les) élément(s) qui représente(nt) le lieu où l'action est supposée se passer ?

→ ....

g. Comment appelle-ton un film qui continue une histoire entamée dans un film précédent ?

→ ....

h. Quelle expression utilise-t-on parfois pour désigner les salles de cinéma ?

→ ....

Complétez le texte avec les mots trouvés dans l'exercice précédent. N'oubliez pas de faire les accords quand c'est nécessaire.

90

Luc Besson est aujourd'hui l'un des **réalisateurs** **(1)** les plus réputés du cinéma français. Depuis 1983, année de sortie de son 1er long-métrage, le cinéaste a réalisé 9 films mais a aussi participé à l'écriture de nombreux scénarios et à la production d'une quarantaine de films.

Parmi les thèmes récurrents de sa filmographie, on constate la présence d'..........................
(2) dont l'apparente fragilité est contrastée par l'armurerie dont elles sont équipées (Isabelle Adjani dans *Subway*, Anne Parillaud dans *Nikita*, Nathalie Portman dans *Léon*, Milla Jovovitch dans *Jeanne d'Arc*). On découvre également une certaine similitude dans les ....
.... **(3)**, ce qui a d'ailleurs valu au réalisateur quelques critiques acerbes. Ainsi, dans *Léon* et *Angel-A*, on retrouve quasiment la même réplique entre les personnages de Léon et Mathilda d'une part, et André et Angela d'autre part :

« ... et arrête de me répondre OK sans arrêt, OK ? »

« OK ! »

Les critiques, c'est justement le point sensible de la carrière de Luc Besson, dont certains des films ont été littéralement assassinés par la presse. Certes, le succès repose sur les spectateurs, qui se sont déplacés par millions dans les .... **(4)** pour y découvrir l'œuvre du réalisateur.

C'est que Luc Besson est l'un des premiers cinéastes français à avoir compris que le cinéma était bel et bien une industrie. Aussi n'a-t-il pas hésité à utiliser les ressorts qui ont fait le succès

d'Hollywood. Ainsi, en France, il est le premier à recourir massivement aux
.... **(5)**. Lorsqu'un film est un gros succès commercial, il décline des
.... **(6)**, comme par exemple la trilogie *Taxi*. Il crée sa propre société de production, Europacorps, et se lance dans un projet pharaonique avec la création de ses propres
.... **(7)**, dans la banlieue parisienne. Le site, que Luc Besson a baptisé « La
cité européenne du cinéma », offrira bientôt 9 plateaux de tournage répartis sur 13 000 m² ainsi
que de gigantesques ateliers pour la fabrication des .... **(8)**.

Aujourd'hui, Luc Besson annonce la sortie de son 10ᵉ et dernier film en tant que scénariste et
réalisateur, *Arthur et les Minimoys*, un .... **(9)** en 3D dont la sortie est prévue
sur les écrans en décembre 2006.

91 **Relevez dans la critique sur Les Indestructibles les mots et expressions qui expriment les idées proposées.**

Exemple : S'associer à → S'allier à

a. D'une technique aisée et brillante :

→ ....

b. Aimer à la folie, adorer :

→ ....

c. Les compétences, l'expérience :

→ ....

d. L'originalité, l'extravagance :

→ ....

e. Moquerie qui incite à rire :

→ ....

f. Rénover, rajeunir :

→ ....

g. Mettre à l'écart :

→ ....

h. D'un style hétéroclite, baroque, provoquant

→ ....

92 **Reliez les définitions aux mots extraits de la critique Un long dimanche de fiançailles.**

a. immense talent, aptitude exceptionnelle
b. science du beau
c. étonner, impressionner
d. immense, démesuré, gigantesque
e. coloré, charmant, imagé
f. vraisemblable, qui mérite d'être cru
g. méticuleusement
h. transposition à l'écran d'une œuvre littéraire

1. bluffer
2. pittoresque
3. une adaptation
4. soigneusement
5. l'esthétique
6. le génie
7. monumental
8. crédible

Complétez les phrases suivantes à l'aide des mots suivants : le savoir-faire, fantaisie, dérision, merveilles, le génie, des adaptations, une référence, les héroïnes, l'esthétique.

93

Exemple : Jean-Pierre Jeunet est un cinéaste reconnu pour la qualité de ses films et l'**esthétique** de ses images.

a. L'œuvre de François Truffaut, grand réalisateur de la Nouvelle Vague, est aujourd'hui .... dans le milieu du cinéma.

b. Ce documentaire veut faire connaître .... anonymes que sont ces femmes qui, durant la 2ᵈᵉ guerre mondiale, ont sauvé de nombreux enfants juifs de la déportation.

c. Parmi les sept .... du monde antique, une seule est encore visible aujourd'hui, la pyramide de Kheops, en Égypte.

d. Beaucoup d'étrangers viennent en France dans les écoles de cuisine pour acquérir .... culinaire de la gastronomie française.

e. Les romans à succès donnent souvent lieu à .... cinématographiques à gros budget, comme par exemple *Harry Potter* ou *Da Vinci code*.

f. .... de l'architecte Le Corbusier repose notamment sur le fait qu'il ait placé une valeur fondamentale pour l'homme, le bonheur, au cœur de ses réflexions sur l'urbanisme.

g. Ce tableau n'a finalement pas reçu le premier prix. L'un des membres du jury a trouvé qu'il était trop classique, qu'il manquait d'originalité et de ....

h. En France, les Guignols de l'info est un programme de télévision bien connu pour tourner en .... les principales figures politiques et populaires du moment.

Relevez dans la critique sur Shrek 2 les mots et expressions qui expriment les idées proposées.

94

Exemple : Très drôle, très amusant → **poilant**

a. Qui fait rire de bon cœur, très amusante :
→ ....

b. Qui ne suit pas les schémas habituels, original, inattendu :
→ ....

c. Allusions, signes de connivence :
→ ....

d. Neutre, dépourvu de sensibilité :
→ ....

e. Effets comiques et burlesques rapides :
→ ....

f. Délibérément, de plein gré :
→ ....

g. Faire disparaître, tuer, mettre à l'écart :
→ ....

h. Amas d'objets hétéroclites en désordre :
→ ....

95 Complétez le texte avec les mots trouvés dans l'exercice précédent. N'oubliez pas de faire les accords quand c'est nécessaire.

Exemple : Nous avons tous beaucoup ri en voyant ce film, les gags sont vraiment **poilants**.

a. Finalement, le coupable a été acquitté car il a pu être prouvé qu'il n'avait pas commis son crime ....

b. Je n'ai pas du tout aimé ce film. Les images sont ...., elles ne laissent transparaître aucune émotion.

c. Quand je suis entré chez lui, j'ai découvert un véritable .... Je ne comprends pas comment il fait pour vivre dans un tel désordre.

d. Ce show est .... : le public n'arrête pas de rire pendant toute la durée du spectacle.

e. L'attaquant de l'équipe du Paris Saint Germain a été .... de la sélection à cause de sa prise de position très critique à l'égard de l'entraîneur.

f. Le dessinateur Franquin s'est rendu célèbre avec la BD Gaston Lagaffe, qui raconte les .... et les facéties d'un employé des éditions Dupuis.

g. Ce film est un .... aux comédies musicales des années 70, on y relève en effet beaucoup d'allusions à ce genre cinématographique.

h. Son humour est complètement ...., ce qui explique parfois des réactions assez violentes du public et de certaines critiques.

96 Complétez les phrases suivantes par les mots de la liste suivante : décors, ironique, en série, suite, parodique, un clin d'œil, aseptisé, décalé, bric-à-brac.

Exemple : Les **décors** du film, qui reproduisent des rues et des monuments de Paris, sont tellement réussis qu'on a l'impression que le film a été tourné à Paris.

a. Tous les dimanches, la place du village est envahie de marchands prêts à vider tous leurs greniers. Elle devient un véritable .... où l'on peut trouver bibelots et objets divers à tout petits prix.

b. L'humour gentiment .... de ce film plaira aux grands comme aux petits.

c. Les pièces de la nouvelle voiture Logan sont fabriquées .... en Pologne, ce qui justifie son prix peu élevé.

d. Certains disent que le monde dans lequel nous vivons est un monde ...., formaté, sans goût de l'originalité ni de la différence.

e. Tous les fans de Harry Potter attendent avec impatience la .... des aventures de leur héros préféré.

f. Les « Guignols », les marionnettes de l'information sur la chaîne télévisée Canal Plus montrent tous les soirs une version .... du monde politique français.

g. Cette exposition est un .... à l'œuvre de Matisse. Les peintures de l'artiste sont détournées de leur sens premier et on y retrouve l'esprit du peintre.

h. Ce garçon est trop .... Il se moque sans arrêt de ses camarades et il ne se rend pas compte à quel point il peut parfois les blesser.

Indiquez pour chacune des expressions de la liste suivante si la critique est POSITIVE ou NÉGATIVE. Cochez la bonne réponse.

97

Exemple : Des dialogues croustillants au service d'une histoire audacieuse

☑ POSITIVE ☐ **NÉGATIVE**

a. Une production à boycotter ☐ POSITIVE ☐ NÉGATIVE
b. Un documentaire à voir et à revoir ☐ POSITIVE ☐ NÉGATIVE
c. Des acteurs peu convaincants au service d'un scénario improbable
☐ POSITIVE ☐ NÉGATIVE
d. Une référence cinématographique incontournable ☐ POSITIVE ☐ NÉGATIVE
e. Une tragédie banale et sans intérêt ☐ POSITIVE ☐ NÉGATIVE
f. Un épisode à zapper ☐ POSITIVE ☐ NÉGATIVE
g. Un grand moment de cinéma ! ☐ POSITIVE ☐ NÉGATIVE
h. Des dialogues croustillants et une histoire audacieuse ☐ POSITIVE ☐ NÉGATIVE

Même exercice.

98

Exemple : Une interprétation maladroite ☐ **POSITIVE** ☑ NÉGATIVE

a. Une comédie hilarante ☐ POSITIVE ☐ NÉGATIVE
b. Une adaptation réussie ☐ POSITIVE ☐ NÉGATIVE
c. Un navet complet ☐ POSITIVE ☐ NÉGATIVE
d. Un remake sans saveur et sans originalité ☐ POSITIVE ☐ NÉGATIVE
e. Un enchantement pour les grands et les petits ☐ POSITIVE ☐ NÉGATIVE
f. Un classique indémodable ☐ POSITIVE ☐ NÉGATIVE
g. Un long métrage exceptionnel ☐ POSITIVE ☐ NÉGATIVE
h. Une histoire soporifique et ennuyeuse à souhait ☐ POSITIVE ☐ NÉGATIVE

Complétez ces critiques avec un adjectif de la liste suivante : effréné, rocambolesque, premier, intimiste, grave, appliqué, fidèle, sur mesure, noir.

99

Exemple : Un film d'aventure rocambolesque.

a. Un travail .... de la photo et des lumières.
b. Un sujet .... traité avec intelligence et humour.
c. Un .... film modeste et sensible.
d. Un rôle .... pour Brad Pitt.
e. Un rythme .... à en faire perdre haleine.
f. Un polar .... qui fait froid dans le dos.
g. Un film d'auteur ....
h. Une reconstitution très .... à la réalité.

Complétez chaque résumé de film avec le titre correspondant parmi la liste suivante

100

– 7 ans de mariage
– Trop belle pour toi
– Indigènes
– Le dîner de cons
– Prête-moi ta main

– Les choristes
– Agents secrets
– Tatie Danielle
– Les randonneurs

Exemple : Luis, 43 ans, subit d'énormes pressions de la part de sa famille pour qu'enfin il se marie. Heureux dans sa vie de célibataire et décidé à le rester, il élabore un plan : trouver une femme qui va se faire passer pour sa fiancée et qui va lâchement l'abandonner le jour de son mariage.
→ **Prête-moi ta main**

a. Un faux couple part pour une prétendue lune de miel au Maroc afin de mener à bien une mission sabotage : une remise en question de la vie d'espion.

→ ....

b. En 1948, Clément Mathieu, professeur de musique sans emploi, accepte un poste de surveillant dans un internat de rééducation pour mineurs. En initiant ces enfants difficiles à la musique et au chant, Mathieu parviendra à transformer leur quotidien.

→ ....

c. Deux filles et trois garçons partent en excursion sur l'île de Beauté. La difficulté des chemins escarpés de la Corse va les révéler à eux-mêmes.

→ ....

d. L'histoire d'un homme marié à une femme très belle et qui tombe amoureux de sa maîtresse, une femme au physique plutôt quelconque.

→ ....

e. Tous les mercredis soir, Pierre Brochant et ses amis organisent un repas où chacun doit amener un invité surprise choisi pour sa naïveté et sa stupidité. Celui qui a trouvé l'invité le plus spectaculaire est déclaré vainqueur.

→ ....

f. Audrey et Alain vivent une période difficile de leur vie de couple. Le quotidien a usé leurs désirs. Audrey est cassante et rigide, tandis qu'Alain surfe en cachette sur des sites pornographiques.

→ ....

g. La terrible Mme Billard, veuve du colonel Edouard Billard, est secourue par ses charmants neveux, qui acceptent de l'héberger.

→ ....

h. En 1943, alors que la France tente de se libérer de la domination nazie, le parcours de quatre soldats oubliés recrutés dans les anciennes colonies françaises d'Afrique : Abdelkader, Saïd, Messaoud et Yassin, réputés pour leur courage, sont envoyés en première ligne.

→ ....

Reliez les titres des films au genre qui correspond.

101

a. Je vous trouve très beau	1. un documentaire animalier
b. Le petit lieutenant	2. un film policier
c. La reine Margot	3. un film d'action
d. Kirikou et la sorcière	4. une comédie sentimentale
e. Un indien dans la ville	5. un film d'aventures
f. La marche de l'empereur	6. un drame historique
g. La guerre des étoiles	7. un film de science-fiction
h. Taxi	8. un film d'animation

Complétez chaque définition avec le mot ou l'expression correspondant : le box-office, une tête d'affiche, le septième art, un producteur, un court-métrage, le tournage, à l'affiche, le sous-titrage, le doublage.

102

Exemple : Désigne au sens large le chiffre d'affaires d'une production artistique :
→ le box-office

a. Désigne un film dont la durée n'excède généralement pas 30 minutes :
→ ....

b. Expression très souvent utilisée pour désigner le cinéma :
→ ....

c. Technique qui consiste à substituer aux voix originales des comédiens des voix de comédiens s'exprimant dans une autre langue :
→ ....

d. C'est la phase de fabrication d'un film durant laquelle on effectue l'ensemble des prises de vue :
→ ....

e. Désigne l'acteur ou l'actrice principal d'un film ou d'un spectacle :
→ ....

f. Technique qui consiste à afficher du texte au bas de l'écran :
→ ....

g. Au cinéma, c'est la personne qui finance ou coordonne les financements d'un film :
→ ....

h. Expression utilisée pour indiquer les films actuellement projetés dans les cinémas :
→ ....

Complétez les critiques suivantes avec les mots proposés.

103

Exemple : *Brice de Nice* de James Huth (2005)
succès - comédie – personnages
Brice de Nice fait suite aux **personnages** décalés à succès créés pour le cinéma, à la fois admirables dans les textes et en marge de la société. Une **comédie** enlevée et originale qui s'annonce comme le **succès** cinématographique de l'année.

a. *Dans tes rêves* de Denis Thybaud (2005)
comédiens / caricature / scénario
Un film qui n'évite pas la .... du monde du hip-hop. ....
est trop lisse et la mise en scène peu inspirée et ce malgré le dynamisme des
....

b. *Les mots bleus* d'Alain Corneau (2005)
frustré / sublimes / oppressante
D'un côté, on est séduit et touché par une mise en scène .... ainsi que par
des acteurs .... De l'autre, on reste sur sa faim, ... de
ne pas trouver d'éclaircissement au mystère.

c. *Un fil à la patte* de Michel Deville (2005)
plaisir / grâce / charme

Le réalisateur, grand amateur de vaudeville, s'amuse des conventions de cet art avec .... et légèreté. Les partenaires de jeu réunis autour de lui sont bien sûr pour beaucoup dans le .... du film et leur .... est communicatif.

d. *Akoibon* d'Edouard Baer (2005)
situations / direction / ennui
Un groupe réuni en huis clos, des personnages hauts en couleur, une non-histoire et le spectateur explose d' .... À part quelques .... loufoques, il ne se passe absolument rien dans ce film où la .... d'acteurs est d'une extrême platitude.

e. *L'empire des loups* de Chris Nahon (2005)
casting / roman / spectateur
Adapté d'un .... de Jean-Christophe Grangé, le film se révèle moins enrichissant pour le .... que pour le lecteur. Mais si vous n'avez pas lu le livre, il reste un univers, un climat et un spectacle savamment orchestrés. À noter également que le .... est impeccable.

f. *Man to man* de régis Wargnier (2005)
perfection / élégance / classicisme
Wargnier nous livre un récit romanesque, rempli de sacrifice, d'héroïsme et d'émotion. Beaucoup reprochent au réalisateur son .... qui est ici synonyme d'........................... de mise en scène et de .... des acteurs. Un film qui nous touche au cœur.

g. *Crustacés et coquillages* d'Olivier Ducastel et Jacques Martineau (2005)
romantique / marseillaise / chaleureuse
Une comédie .... et tonique avec pour cadre une maison de vacances dans la région .... La troupe de comédiens est .... et sympathique. Ne résistez pas au plaisir de ce film !

h. *Les enfants* de Christian Vincent (2005)
clichés / occasion / air du temps
Un film dans l' .... qui traite habilement des familles recomposées sans tomber dans les .... Tirée d'un roman de Dan Franck, cette comédie suit le rythme effréné des enfants et donne l' .... à nos deux acteurs (Gérard Lanvin et Karin Viard) de briller dans des rôles éloignés de leurs emplois habituels. Une œuvre tonique, un cinéma populaire de qualité !

Complétez les critiques de spectateurs avec les mots de la liste suivante : optimiste et drôle, tout bas, applaudi, la vie, émotions, l'humour, énergie, marquera, remarquable.

(104)

Exemple : « C'est rare de voir un film comme ça, sincère, émouvant, touchant et en même temps optimiste et drôle ! »

a. « Un film qui .... les esprits. C'est sûr, on s'en souviendra et on reparlera. »

b. « Une bourrasque révoltée et bouleversante. Une .... fulgurante : un film qui va à 100 à l'heure ! »

c. « J'ai ri, j'ai pleuré, j'ai eu la gorge nouée. Que d' .... ! »

d. « C'est un film admirable et fort. J'ai même envie de dire ...., exemplaire ! »

e. « Magnifique. Très humain. Les gens se sont levés et la salle a .... à la fin. »

f. « C'est un film très courageux. Le réalisateur exprime tout haut ce que tout le monde pense .... »

g. « On retrouve tout .... du cinéaste qui nous a tant fait rire. »

h. « C'est un film sur ...., avec ses joies et ses peines, ses plaisirs et ses douleurs. C'est un film qui nous concerne tous. »

D. Les nouvelles technologies

Pour chaque série de mots, soulignez l'intrus.

105

Exemple : le Web – la Toile – la mondialisation – l' Internet

a. communiquer – échanger – discuter – enseigner

b. une réflexion – une pensée – une révolte – une idée

c. un e-mail – un message électronique – un poème – un courriel

d. la connaissance – la confidentialité – l'intimité – la vie privée

e. un forum – un blog – un « tchat » – un rendez-vous

f. une liste de distribution – un carnet d'adresse – un agenda personnel – un publipostage

g. une rumeur – une information – un ragot – un racontar

h. un SMS – un texto – une lettre – un message

Associez les adjectifs synonymes.

106

a. convivial	1. particulier
b. confidentiel	2. immédiat
c. intime	3. irréel
d. inventif	4. hospitalier
e. virtuel	5. secret
f. instantané	6. ingénieux
g. personnel	7. réservé
h. discret	8. privé

Complétez les phrases avec les adjectifs de la liste suivante : discret, personnel, convivial, virtuel, instantané, intime, inventif, confidentiel. N'oubliez pas d'accorder les adjectifs quand c'est nécessaire.

107

Exemple : Cet étudiant a du mal à parler aux autres : il est très réservé.

a. Les jeux vidéos proposent aux jeunes un monde .... où ils peuvent accomplir leurs rêves les plus fous.

b. Ce livre invite à découvrir la vie .... d'une star de la télé.

c. La messagerie .... appelée aussi « MSN » est le mode de communication favori des jeunes actuellement.

d. Je voudrais laisser un message .... à mon professeur mais je ne sais pas comment le joindre.

e. Cette fête sera très .... : nous ne serons qu'une dizaine de personnes réunies autour d'un feu et d'un guitariste.

f. « Ce travail est .... : il servira de test aux prochains examens et je ne peux pas vous en parler maintenant ».

g. Aya est tellement .... qu'on ne sait pas beaucoup de choses sur elle. Cependant, elle est très gentille avec les autres.

h. L'écrivain que je lis a un esprit très .... Toutes ses nouvelles se passent dans un monde futuriste avec des tas de créatures extraordinaires.

Vous désirez pratiquer une activité pendant votre temps libre. Vous recherchez des informations sur Internet. Reliez chaque activité avec le nom du site correspondant.

(108)

a. Découvrir et utiliser les nouvelles technologies.   **1.** www.museedulouvre.fr

b. Découvrir l'astronomie et apprendre à observer les planètes, reconstituer une carte du ciel.   **2.** www.vivelascene.com

c. Apprendre la cuisine et découvrir de nouvelles tendances culinaires.   **3.** www.rollerenligne.com

d. Effectuer des parcours acrobatiques dans les arbres et faire des randonnées arboricoles.   **4.** www.cite-sciences.fr

e. Apprendre à se déplacer et à faire des acrobaties en patin à roulettes dans les zones urbaines.   **5.** www.accrobranches.com

f. Découvrir l'art, apprendre à analyser des tableaux, découvrir les techniques de restauration des œuvres anciennes.   **6.** www.gastronomie.com

g. Réaliser des décors de théâtre et des marionnettes, mettre en place des spectacles.   **7.** www. gesteetimage-paris.org

h. Découvrir les différentes étapes de la réalisation d'un film.   **8.** www.cieletespace.com

Complétez le texte avec les mots de la liste suivante : ordinateur, fournisseur d'accès, des opérateurs téléphoniques, forfait téléphonique, kit d'installation, modem, accès Internet haut débit, une assistance technique, surfer.

(109)

Pour avoir accès à l'Internet, vous devez être équipé d'un ordinateur et d'un ....

.... **(1)**. Ce dernier est quelquefois compliqué à installer mais il est généralement livré avec un .... **(2)**. Vous devez également choisir un .... **(3)**. Sélectionnez celui qui vous offrira le .... **(4)** le plus avantageux. Par exemple, certains .... **(5)** offrent actuellement un .... **(6)**, appelé aussi ADSL (*Asymmetric Digital Subscriber Line*) et des communications locales ou nationales illimitées. Vous pourrez ainsi .... **(7)** à volonté en haut débit sur Internet et téléphoner à des prix ultra-compétitifs. Choisissez également votre opérateur selon la qualité de service de l' .... **(8)**, indispensable si vous rencontrez des problèmes d'utilisation ou de connexion.

Voici des témoignages de jeunes gens qui parlent, sans la nommer, de leur activité préférée. Indiquez pour chacun des témoignages de quelle activité on parle parmi les propositions suivantes : l'atelier bande dessinée, l'école du cirque, les ateliers archéologiques, les chantiers de jeunes, le club de gym, la randonnée à rollers, le skate, l'atelier création de costumes, le club d'aéro-modélisme.

110

Exemple : « Je suis un passionné d'aviation. Cette activité, je la **pratique** depuis l'âge de 12 ans. Au début, j'imitais les plus grands. Mais j'ai vite appris. Je me souviens du jour où j'ai fait voler mon premier avion, c'était un modèle réduit de monomoteur Cessna : un pur moment de magie ! »
→ le club d'aéro-modélisme

a. « Mes parents se plaignaient qu'ils ne faisaient plus de sport. Depuis que j'ai lancé cette idée pour le dimanche après-midi, toute la famille **s'est équipée** des pieds à la tête. On glisse sur les pistes cyclables, mais attention aux vélos ! ».

→ ....

b. « Le matin, je monte sur ma planche, je suis trop de bonne humeur pour aller en cours. Je prends de bons appuis, j'évite les passants. C'est comme le surf à la mer, sauf que c'est sur les trottoirs ! ».

→ ....

c. « Avec toutes les machines, on peut **varier** les exercices pour faire travailler tous les muscles du corps. En plus, on est dans une salle, quand il pleut, on ne se mouille pas. »

→ ....

d. « On apprend à dessiner le patron, à réaliser la coupe du tissu pour fabriquer une vraie tenue de pirates ou de princesse. Pour les gens qui font du théâtre, c'est pratique pour jouer le rôle de sa vie. »

→ ....

e. « J'adore la nature, je participe à des sorties en extérieur à la découverte de la faune et la flore avec des groupes d'adolescents. Je me suis même engagé pour **restaurer** des vieux édifices ou aider à des reconstructions. »

→ ....

f. « J'apprends à jongler, à réaliser des acrobaties, à maîtriser le trapèze, à jouer les clowns. On propose des spectacles pendant les festivals ou les carnavals régionaux. »

→ ....

g. « Avant de partir à la recherche de cités disparues, on découvre les différentes techniques de fouilles, les méthodes de datation. On **s'initie** aussi à la taille et à la construction d'une maison du néolithique. »

→ ....

h. « On nous initie aux différentes techniques. On apprend à créer une planche du début à la fin, on imagine l'histoire, on **élabore** le scénario, on **ébauche** les personnages et on colore. On **expose** ensuite nos œuvres au public dans des maisons de la culture ou librairies spécialisées. »

→ ....

Voici les définitions de huit verbes. Pour chaque définition, indiquez de quel verbe il s'agit à partir de la liste suivante : restaurer, s'initier, se plaindre, varier, s'équiper, ébaucher, élaborer, maîtriser, exposer . **Pour vous aider, vous pouvez observer ces verbes en contexte : ils figurent en gras dans les témoignages de l'exercice précédent.**

111

Exemple : Pratiquer → Exercer

a. Réaliser sous des formes diverses, différentes.

→ ....

b. Exprimer son mécontentement, protester.

→ ....

c. Faire l'apprentissage de quelque chose, acquérir les rudiments.

→ ....

d. Se munir de tout le matériel nécessaire pour la pratique d'une activité.

→ ....

e. Préparer quelque chose par un long travail de réflexion.

→ ....

f. Placer dans un lieu pour mettre à la vue du public.

→ ....

g. Concevoir, tracer dans les grandes lignes, esquisser.

→ ....

h. Réparer des monuments en respectant leur état primitif.

→ ....

Complétez les phrases suivantes avec les verbes de l'exercice précédent.

112

Exemple : Je ne **maîtrise** pas bien l'outil informatique mais je sais me débrouiller pour saisir un texte et créer un fichier.

a. En France, on .... de plus en plus souvent les monuments touchés par la pollution afin d'améliorer l'image des centres-villes.

b. Pour se faire connaître du public et vendre ses tableaux, un peintre doit commencer par .... dans des galeries.

c. Pour pratiquer la plongée, vous devez vous .... d'une combinaison, de palmes et de bouteilles à oxygène.

d. On dit les Français râleurs : ils .... à tout bout de champ et ne sont jamais satisfaits.

e. Le vin est .... à partir d'un long processus, de la récolte à la conservation dans des fûts.

f. Nous aimons les cours avec notre prof de français. Avec elle, la classe n'est pas monotone car elle .... toujours les exercices.

g. Avant de dessiner votre modèle, vous devez .... les grandes lignes au crayon.

h. J'aimerais bien .... à l'équitation. J'ai toujours adoré les chevaux et je n'ai jamais eu l'occasion de m'inscrire dans un centre équestre.

Les médias

A. La presse écrite

Voici les rubriques du sommaire d'un magazine pour lycéens (Phosphore, n° 282 – décembre 2004). Associez chaque rubrique aux titres des articles correspondants (deux titres par rubrique).

113

a. CULTURE

b. ACTU

c. GÉNÉRATION

d. ÉTUDES/ORIENTATION

1. Nul en maths, les gestes qui sauvent.
2. Société. Sondage : aimez-vous lire ?
3. Monde. Torture, la sale guerre dans la guerre.
4. Chacun cherche son look.
5. Et moi. Comment vivre avec ses secrets ?
6. Cinéma. Michael Moore, arme de dissuasion massive.
7. Manu Chao, l'alter-artiste.
8. Métiers. Agriculture, le bonheur est dans les champs.

Voici les rubriques du sommaire d'un magazine pour les collégiens sur la découverte du monde (Géo Ado n° 23 – septembre 2004). Associez chaque rubrique aux titres des articles correspondants.

114

a. INFOS Planète
b. Rencontre
c. Découverte
d. Connaissance
e. Votre corps
f. Reportage
g. Guide des activités
h. Récit ado

1. Pour des mercredis insolites.
2. Pourquoi il n'y a que toi qui ris comme cela !
3. Argent de poche : un sujet très ado.
4. Lawrence d'Arabie, un Anglais seigneur du désert.
5. « J'ai été VIP (Very Important Person) aux 24 heures du Mans ! ».
6. Ces animaux emblèmes de leur pays.
7. Dernières nouvelles du soleil.
8. Quand les mythes entrent dans ton vocabulaire quotidien.

Associez les sujets d'articles de presse à l'une des rubriques suivantes : Futur, Défense internationale, Arts et Culture, Environnement, Sécurité alimentaire, Éducation, l'État Français, Sécurité intérieure, Monde du travail.

115

Exemple : La formation des profs/L'apprentissage à 14 ans/La réussite au baccalauréat → Éducation

a. La qualité des aliments/Les contrôles sanitaires/La grippe aviaire

→ ....

b. Les services publics/Les retraites des fonctionnaires/Les différents Ministères

→ ....

c. La qualité de l'air et de l'eau/La pénurie d'eau/Les permis de polluer

→ ....

d. La diversité culturelle/Le théâtre moderne/L'inauguration du musée des Arts Premiers

→ ....

e. Les transports aériens et maritimes/Les contrôles d'identité/Les reconduites aux frontières

→ ....

f. La lutte contre le terrorisme/L'aide aux pays en voie de développement/La vidéo surveillance

→ ....

g. Les syndicats en France/Le patronat/Le droit du travail

→ ....

h. Les nouvelles technologies/La téléphonie mobile/Les maisons intelligentes

→ ....

À partir de la liste ci-dessous, formez des paires pour associer les noms de rubrique avec les titres d'article.

116

– Histoire
– Argent
– Politique
– Europe
– Santé

– 11 millions de foyers français connectés à la fin 2006
– Quels indemnités en cas d'accident du travail ?
– La baisse de l'impôt sur le revenu
– Sommet de la Francophonie à Bucarest

Exemple : Santé/Les vaccins de demain

a. Vos droits   / ....

b. Internet   / ....

c. .... / Le colonialisme en Afrique

d. Économie   / ....

e. .... / Les candidats à l'élection présidentielle

f. .... / La Roumanie dans l'Union en 2007

g. Diplomatie internationale   / ....

h. .... / Les nouveaux contrats bancaires

À quelle rubrique correspondent ces articles ? Cochez la bonne réponse.

117

Exemple : Inflation modérée en août : + 0,3 %
☐ Société – ☐ Environnement – ☑ Économie – ☐ Sciences

a. Le chanteur Johnny Hallyday adopte une petite Cambodgienne
☐ People – ☐ Culture – ☐ Faits divers – ☐ International

b. Un jeune homme de 24 ans se jette du 10e étage
☐ Société – ☐ Santé – ☐ Escapade – ☐ Faits divers

c. Un week-end entre Cévennes et Camargue : Nîmes la romaine
☐ Tourisme – ☐ Environnement – ☐ Culture – ☐ Santé

d. Pluton rejeté du club très fermé des planètes du système solaire
☐ Environnement – ☐ Télévision – ☐ Tourisme – ☐ Sciences

e. Plus de 15 millions de Français ont effectué un achat sur Internet en 2006
☐ Consommation – ☐ Sciences – ☐ Culture – ☐ Santé

f. Grippe aviaire : le spectre d'une pandémie plane toujours
☐ Économie – ☐ Santé – ☐ People – ☐ Faits divers

g. Audience décevante pour la 6ᵉ saison de la StarAcademy
☐ People – ☐ Faits divers – ☐ Télévision – ☐ Culture

h. La gastronomie française revisitée par le « fooding »
☐ Consommation – ☐ Société – ☐ Santé – ☐ Tourisme

(118) Quel article pouvez-vous classer sous la rubrique mentionnée ? Cochez la bonne réponse.

Exemple : Santé
☐ Le combat du chanteur Mano Solo contre le SIDA
☑ **Un nouvel antibiotique contre le staphylocoque**
☐ Déplacement du ministre de la santé dans un camp de réfugiés au Soudan

a. Mode
☐ Le défilé du créateur Christian Lacroix enflamme l'hôtel Crillon
☐ Cérémonie des oscars : Julia Roberts inaugure la cérémonie en robe Christian Dior
☐ 10 000 sacs Versace contrefaits saisis par les douaniers de l'aéroport Charles de Gaulle.

b. Sciences
☐ Grève des chercheurs : le gouvernement peine à trouver une solution
☐ Les avancées prometteuses de la spectroscopie laser
☐ La Cité des Sciences et de l'Industrie ferme ses portes pour travaux

c. Mondialisation
☐ Ouverture aujourd'hui du Mondial de l'Automobile
☐ Le tour du monde à vélo d'Yves Chaloin
☐ Forum Économique Mondial de Davos : les riches découvrent les pauvres

d. Environnement
☐ Lever de boucliers contre la culture de maïs transgénique
☐ Un corps non identifié trouvé dans la forêt de Fontainebleau
☐ Départ du Paris-Dakar aujourd'hui

e. Société
☐ Le parti socialiste vote la motion de censure
☐ La société Générale affiche d'excellents résultats trimestriels
☐ Déjà 5 millions de Français adeptes du Sudoku

f. Culture
☐ Les agriculteurs français protestent contre la PAC
☐ Exposition Matisse à la fondation Maeght
☐ La main mise des ouvriers du livre sur la presse française

g. Météo
☐ Ambiance orageuse au conseil des ministres ce mercredi
☐ Embellie sur le front du chômage en septembre
☐ Ciel dégagé mais température en baisse ce lundi

h. Économie

☐ 20 000 spectateurs acclament Madonna à Bercy

☐ Croissance du PIB revue à la hausse au 3e trimestre

☐ Le taux de natalité de la France passe le seuil des 13 ‰ en 2005

Voici des titres de presse. Pour chacun de ces titres, sélectionnez l'analyse la plus vraisemblable.

119

Exemple : La catastrophe et nous
  1. **Comment gérons-nous les situations de catastrophe ?** ☑
  2. Nous sommes tous obnubilés par les risques de catastrophe. ☐

a. Très CHERS enfants
1. L'éducation représente une part importante du budget familial. ☐
2. Les Français détestent leurs enfants. ☐

b. Un tiers des Français en surcharge pondérale
1. 30 % des Français sont trop gros. ☐
2. 30 % des Français aiment manger dans les fast-food. ☐

c. Travail : Sommes-nous paresseux ?
1. Les Français aimeraient travailler plus pour gagner plus. ☐
2. La France est l'un des pays où l'on travaille le moins au monde. ☐

d. Femmes en quête de reconnaissance
1. Les femmes veulent être les égales des hommes. ☐
2. Les femmes voudraient que leurs compétences soient récompensées. ☐

e. Les minorités invisibles de la télévision française
1. La population d'origine étrangère est absente de la télévision française. ☐
2. Il y a des choses qu'on ne peut pas voir à la télévision française. ☐

f. Pas encore en salles, déjà en ligne
1. Les gens font la queue au cinéma deux jours avant la sortie d'un film. ☐
2. Les nouveaux films sont téléchargés illégalement sur l'Internet avant leur sortie au cinéma. ☐

g. Cupidon connexion
1. Les rencontres amoureuses sur Internet. ☐
2. Les Français croient de plus en plus aux anges. ☐

h. L'emploi public dans la rue
1. Les fonctionnaires sont en grève et manifestent aujourd'hui. ☐
2. L'État a décidé de renvoyer tous ses employés. ☐

Retrouvez le thème qui correspond à chaque série de mots parmi la liste suivante : les mouvements culturels, le pacifisme, l'amitié, les nouvelles technologies, l'art urbain, les activités sportives, la lecture, les nouveaux moyens de communiquer, la musique.

120

Exemple : les hippies – les gothiques – les punks
  → **les mouvements culturels**

a. la photographie numérique – le lecteur MP3 – l'ordinateur personnel

→ ....

b. les SMS – les courriels – les forums sur l'Internet

→ ....

c. les BD – les romans fantastiques – les mangas

→ ....

d. les randonnées à vélo – les matchs de foot – le surf

→ ....

e. la techno – le rap – le R&B

→ ....

f. les tags – le slam – le hip-hop

→ ....

g. l'antimilitarisme – la non-violence – les baba-cools

→ ....

h. les copains – les potes – les camarades

→ ....

121 **Voici une liste de titres d'articles pour le journal du lycée. Cochez les titres qui sont susceptibles d'intéresser les jeunes.**

Exemple : Comment monter son groupe de rock ?

☐ Soigner son diabète par les plantes   ☑ Comment monter son groupe de rock ?

☐ L'exploration de l'univers   ☐ Le stress en période d'examens

☐ La vie après la ménopause   ☐ 100 idées pour vos jardinières

☐ Bien préparer sa retraite   ☐ Rideaux et voilages : les tendances de l'automne

☐ L'amour et ses raisons   ☐ Témoignage : la vie en résidence médicalisée

☐ Voyages : les bons plans du mois   ☐ Témoignage : la vie en résidence universitaire

B. Les faits divers

122 **Le vocabulaire des faits divers. Soulignez le mot intrus.**

Exemple : Découvrir – mettre à jour – dévoiler – <u>dissimuler</u>

a. un assassinat – un meurtre – un suicide – un homicide

b. un enlèvement – un vol – un cambriolage – un braquage

c. un délinquant – un témoin – un gangster – un truand

d. se taire – reconnaître – avouer – confesser

e. un complice – un acolyte – un comparse – une victime

f. un séisme – un cyclone – une explosion – une tempête

g. un pompier – un secouriste – un plombier – un policier

h. une carabine – un pistolet – une arme à feu – un couteau

Complétez les phrases par l'un des verbes de la liste suivante : secourir, arrêter, menacer, mettre en examen, retenir, avouer, commettre, pénétrer, s'enfuir. **N'oubliez pas de conjuguer les verbes quand c'est nécessaire.**

123

Exemple : Le conducteur de la voiture s'est enfui après avoir écrasé un chien errant.

a. En montagne, on a souvent recours aux chiens pour .... les victimes d'avalanches.

b. Hier soir, la police .... deux délinquants recherchés depuis longtemps.

c. Le coupable a fini par .... son crime. Il a été immédiatement incarcéré.

d. Le cambrioleur .... dans la maison en cassant une vitre. Il est ressorti par la porte d'entrée.

e. Les enquêteurs n'ont toujours aucune idée de l'identité de celui qui .... ce meurtre.

f. Un adolescent .... en otage une classe de collégiens pendant quatre heures. Il voulait que le directeur de l'école retire sa punition.

g. Le malfaiteur .... les clients du magasin avec son pistolet. Il est parti avec la caisse.

h. Beaucoup d'indices indiquent que cet homme est l'auteur du crime. Le juge d'instruction va certainement décider aujourd'hui de le ....

Complétez les phrases avec les mots de la liste suivante : la police, les kidnappeurs, le témoin, une collision, les victimes, le voleur, les pompiers, l'automobiliste, les causes.

124

Exemple : La police a poursuivi le voleur.

a. .... ont évacué les blessés.

b. .... a braqué une banque.

c. .... a commis un infraction au code de la route.

d. .... ont toutes témoigné au procès.

e. .... ont enlevé 3 personnes.

f. .... de la scène a permis de dresser un portrait-robot de l'agresseur.

g. .... a eu lieu entre un camion et une voiture.

h. .... du drame ne sont pas encore connues.

Remettez le récit de ce fait divers dans l'ordre en numérotant les différentes parties de 2 à 9.

125

Exemple : BORDEAUX Métropole – Un homme de 28 ans, vraisemblablement victime d'un règlement de compte, entre la vie et la mort au CHU de Bordeaux.
→ ❶

a. Quelques minutes plus tard, la victime est transportée par une équipe du SAMU vers le Centre Hospitalier Universitaire de Bordeaux dans un état jugé critique.

→ ......

b. Un témoin a tout juste le temps de relever les premiers numéros de la plaque d'immatriculation du chauffard, mais la voiture est déjà loin.

→ ......

c. Dans la nuit de vendredi à samedi, Thibault Boulanger, 28 ans, serveur dans un grand hôtel bordelais, fête un anniversaire dans un bar animé du centre-ville.

→ ......

d. Une équipe du Service Régional de la Police Judiciaire (SRPJ) a été dépêchée sur place pour les besoins de l'enquête. Une information judiciaire a été ouverte par le parquet de Bordeaux.

→ ......

e. Vers 2 heures du matin, alors qu'il regagne la station de taxi, une voiture fait irruption sur la chaussée bien qu'il s'agisse d'une zone piétonne interdite à la circulation.

→ ......

f. Thibaut Boulanger y a été admis au service de réanimation et plongé dans un coma artificiel.

→ ......

g. Devant de nombreux témoins médusés, la voiture s'arrête une centaine de mètres plus loin, effectue un demi-tour et revient percuter à vive allure le corps inanimé.

→ ......

h. Le conducteur de la voiture percute une première fois le jeune homme qui, projeté en l'air, s'écroule lourdement sur le sol.

→ ......

(126) **Voici un fait divers présenté sous forme de phrases. Complétez chacune de ces phrases avec le verbe approprié parmi la liste suivante : mettre en examen, découvrir, insulter, basculer, évoquer, interpeller, demander, abattre, se réfugier. Veillez à utiliser la forme verbale appropriée.**

Exemple : Un chauffeur routier ancien militaire **a abattu** de deux balles de 22 long rifle le directeur de l'entreprise où il travaillait depuis 7 ans.

a. La police .... le meurtrier à l'hôpital de la ville, deux heures après l'accomplissement de son crime.

b. Pris de panique après son acte, il s'était .... au service des urgences.

c. Après un rapide interrogatoire, Il a été rapidement .... pour assassinat.

d. Au domicile de l'assassin, les policiers ont .... un important stock de munitions.

e. Selon les témoignages des autres employés de la société, le directeur avait, pour des raisons encore obscures, vivement .... le chauffeur routier, et ce à plusieurs reprises.

f. Récemment, l'ancien militaire avait même .... à sa femme de prendre rendez-vous pour lui chez un psychologue.

g. Son avocate a .... une pression insupportable ressentie par l'employé dans le cadre professionnel.

h. Des analyses psychiatriques sont attendues pour définir comment cet homme apparemment équilibré a ainsi pu .... dans la folie.

De quoi parlent ces émissions de télévision ? Reliez les titres des émissions (colonne de gauche) à leur contenu (colonne de droite).

127

a. Questions pour un champion

b. Un livre, un jour

c. Conso Mag

d. Ça se discute !

e. Vie privée, vie publique

f. Fan de...

g. Chef, la recette !

h. Envoyé spécial

1. Des célébrités se confient et répondent aux questions d'une journaliste et psychologue.

2. Des conseils pratiques pour vous guider dans vos achats et dans la gestion de votre budget.

3. Les trucs, secrets et astuces d'un grand cuisinier.

4. Toutes les informations que vous voulez savoir sur vos vedettes préférées.

5. **Quatre candidats s'affrontent dans un quiz de culture générale.**

6. Une émission quotidienne qui présente un ouvrage de littérature.

7. Des témoignages et des débats en directs sur des sujets de société.

8. Des reportages tournés en France et à l'étranger.

Voici des titres d'émissions de télévision. Indiquez quel genre d'émission il s'agit en cochant l'une des trois propositions.

128

Exemple : Vidéo Gag
☐ Émission politique   ☑ **Divertissement**   ☐ Documentaire

a. Alice Nevers, le juge est une femme
☐ Émission politique   ☐ Jeu   ☐ Fiction

b. Des chiffres et des lettres
☐ Jeu   ☐ Magazine   ☐ Documentaire

c. L'odyssée de l'espèce
☐ Divertissement   ☐ Documentaire   ☐ Sports

d. Stade 2
☐ Variétés   ☐ Fiction   ☐ Sports

e. Les 100 plus belles chansons d'amour
☐ Fiction   ☐ Variétés   ☐ Documentaire

f. Savoir plus santé
☐ Documentaire   ☐ Divertissement   ☐ Magazine

g. Questions au gouvernement
☐ Jeu   ☐ Variétés   ☐ Émission politique

h. Le plus grand cirque du monde
☐ Divertissement   ☐ Jeu   ☐ Sports

Associez chaque début de phrase à sa fin logique.

129

a. Je suis allé au vidéo-club...

b. Hier, j'ai regardé...

c. J'ai vu...

d. J'ai choisi mon programme de la soirée...

e. J'étais trop fatigué, alors j'ai enregistré...

f. J'ai envoyé un texto...

g. J'ai zappé ...

h. Je me suis mis dans le fauteuil, j'ai appuyé...

1. ...la télévision avec mes parents.

2. ...le match pour le regarder plus tard.

3. ...parce que le programme ne m'intéressait plus.

4. ...pour louer un DVD.

5. ...le dernier film avec Gérard Depardieu.

6. ...en consultant le magazine télé.

7. ...pour participer au débat télévisé.

8. ...sur le bouton de la première chaîne pour suivre le show.

Repérez les 8 mots ayant un rapport avec le thème de la télévision et entourez-les.

130

un speed dating   un chapitre

une chaîne

le grand écran   un animateur

l'audience

un chroniqueur   étudier

un roman   un entracte

la télépathie   un téléchargement

le prime time

une télécommande   zapper

une toile   un auditeur

un inspecteur   une aventure

un épisode

le petit écran

Complétez les phrases suivantes par les mots en rapport avec le thème de la télévision de l'exercice précédent. N'oubliez pas de conjuguer les verbes et d'accorder les noms.

131

Exemple : Le succès d'un talk-show est principalement lié à la personnalité de l'animateur et celle des **chroniqueurs**.

a. Il est très difficile de comprendre l'intrigue de cette série si on raté le premier ....

b. Chaque année, en septembre, les grandes chaînes de télévisions françaises présentent aux journalistes leurs nouvelles grilles de programmes ainsi que leurs .... vedettes.

c. La plus grosse .... de l'année 2006 a été réalisée par TF1 avec la diffusion du match de football France – Portugal, qui a rassemblé plus de 25 millions de téléspectateurs.

d. L'outil indispensable du « téléspectateur zappeur » est la ....

e. Devant le succès de la série *Grey's Anatomy*, actuellement diffusée en 2ᵉ partie de soirée, TF1 a décidé de la programmer en .... à partir du mois d'octobre.

f. Michel Drucker anime des émissions de variétés à la télévision depuis plus de 40 ans : c'est une star incontestable du ....

g. En France, les 1ʳᵉˢ émissions de télévision ont eu lieu en 1935. Mais il faudra attendre 1963 pour voir la création de la 2ᵉ ....

h. Avec la multiplication des chaînes et des programmes, le téléspectateur ....
.... de plus en plus souvent pour passer d'une émission à l'autre.

Bilans

Voici des sujets de discussions et de débats journalistiques. Classez-les dans la bonne rubrique.

(132)

Le recyclage des déchets

L'illettrisme à l'entrée au collège.

Le Contrat Nouvelle Embauche (CNE).

L'intervention américaine en Irak.

La consommation d'OGM (Organismes Génétiquement Modifiés).

Le jugement des criminels de guerre.

La délinquance dans les banlieues.

La rémunération des stagiaires.

La solidarité pour les personnes en difficulté.

La hausse des salaires.

Le développement des énergies renouvelables.

La famine dans les pays en voie de développement.

SOCIÉTÉ	ÉCONOMIE
....	....
....	....
....	....
ENVIRONNEMENT	**INTERNATIONAL**
Exemple : **Le recyclage des déchets.**	....
....	....
....	....

Quel sujet ne peut pas entrer dans la rubrique proposée ? Cochez la bonne réponse.

(133)

Exemple : CULTURE
- ☐ Les Journées du Patrimoine
- ☑ Le stylo Bic
- ☐ La musique classique
- ☐ Le festival d'Avignon

a. SOCIÉTÉ
- ☐ La lutte contre le racisme
- ☐ Les familles recomposées
- ☐ Les résultats du tiercé à Enghien
- ☐ Les nouvelles habitudes alimentaires

b. VOTRE ARGENT
- ☐ Que fait l'état avec vos impôts ?
- ☐ Le marché de Noël
- ☐ La spirale du surendettement
- ☐ Où placer vos économies ?

c. IMMOBILIER
- ☐ Le salon du mobilier de jardin
- ☐ Louer ou acheter ?
- ☐ Le rêve de la maison individuelle
- ☐ Investir dans la pierre

d. ÉDUCATION
- ☐ Les contrats d'apprentissage
- ☐ Les meilleurs lycées de France
- ☐ Incendie accidentelle dans une école
- ☐ L'enseignement précoce des langues

e. NOUVELLES TECHNOLOGIES
- ☐ Les écrans Haute Définition
- ☐ La découverte des antibiotiques
- ☐ La Télévision Numérique Terrestre (TNT)
- ☐ Les connexions à très haut débit

f. POLITIQUE
- ☐ Le droit de vote des immigrés
- ☐ La rentrée du conseil des ministres
- ☐ L'allocution du Président de la République
- ☐ La disparition des gorilles

g. VOTRE SANTÉ
- ☐ Le tabagisme passif
- ☐ L'obésité chez les enfants
- ☐ Les prénoms en vogue
- ☐ Réduire son taux de cholestérol

h. MÉDIAS
- ☐ Inauguration du tramway
- ☐ Fusion TPS – Canal Satellite
- ☐ Editis, 2e groupe d'édition français
- ☐ France 3 renouvelle sa grille

Débats et engagements

A. Les jeunes face à leur avenir

Pour chaque série de mots, soulignez l'intrus.

134

Exemple : l'amour – la fidélité – le mariage – l'adultère

a. le look – le tempérament – le physique – l'apparence

b. les sorties – les boîtes de nuit – les études – les bars

c. le militantisme – la neutralité – l'engagement – la protestation

d. la citoyenneté – le civisme – la révolte – la société

e. la compétition – la solidarité – l'aide – le partage

f. le bac – le permis de conduire – une licence – un exam

g. un travail alimentaire – un job – un petit boulot – une vocation

h. un voyage – une promenade – une aventure – un périple

Complétez le texte avec les verbes suivants : faire une demande, chercher, poser, passer, se renseigner, repérer, déposer, assister, prendre, réserver.

135

Recommandations pour préparer votre séjour à l'étranger

Partir à l'étranger dès le lycée (à 16 ans), c'est possible. À la fac, c'est encore mieux ! Mais mieux vaut bien préparer son voyage. Pour cela il faut :

Exemple : – se renseigner sur les différents programmes d'échanges existants.

a. – .... des questions sur la famille d'accueil (si l'organisme avec lequel vous partez se charge de vous trouver une famille).

b. – .... une assurance et s'informer sur les modalités de rapatriement.

c. – .... aux réunions d'informations consacrées aux problèmes administratifs et législatifs qui se posent lorsqu'on est expatrié.

d. – .... un dossier de candidature.

e. – .... d'équivalences, de sorte que la formation que vous suivrez dans votre pays d'accueil soit dans la continuité de vos études.

f. – .... sur l'Internet des informations pour trouver un logement.

g. – .... les examens nécessaires pour attester votre niveau en langues, comme par exemple le TOEFL pour l'anglais ou le DALF pour le français.

h. – .... son billet d'avion dès que l'on connaît sa date de départ.

Complétez le texte avec les verbes suivants : rendre visite à, prévoir, s'expatrier, trouver, bénéficier, recruter, mettre, demander, contacter.

(136)

Comment financer son séjour ?

Financer son séjour peut poser des problèmes à de nombreux étudiants. Voici quelques pistes pour trouver des solutions.

> *Exemple :* Il faut **contacter** les Ambassades pour avoir des informations sur les différents organismes ou associations d'aide à l'installation des étudiants étrangers.

a. Il est possible de .... d'une aide gouvernementale (le programme *Erasmus Mundus*, par exemple, pour les étudiants titulaires d'une licence).

b. En France, l'étudiant étranger peut .... une aide supplémentaire aux collectivités territoriales (Conseils Régionaux et Conseils Généraux).

c. Pour les étudiants citoyens de l'Union Européenne, ... un petit boulot sur place dans un autre pays de l'Union est possible car la législation le permet.

d. Les secteurs qui .... en général sont l'hôtellerie, le tourisme, l'agriculture et les services de jeunes filles au pair.

e. .... avant ou après le bac représente un atout considérable sur un CV et c'est un moyen très efficace pour apprendre à maîtriser une langue étrangère.

f. Il est préférable .... un budget pour les frais annexes (frais de sortie, visites, activités sportives...) si vous n'êtes pas logés dans une famille d'accueil.

g. Pour trouver un job, on peut aussi .... une annonce dans un Centre d'Information et de Documentation pour les Jeunes (CIDJ) en arrivant dans le pays concerné.

h. Enfin, il est toujours conseillé de .... toute sa famille pour réclamer une petite aide financière au départ, aux grands-parents, aux oncles et tantes...

Voici une annonce pour un organisme de séjours linguistiques à l'étranger. Complétez-la avec verbes suivants : étudier, passer, vivre, bénéficier, revenir, partager, découvrir, poursuivre, devenir.

(137)

> Vous avez **entre 15 et 25 ans**, c'est le moment pour vous d'**explorer le monde**.
> Passez **une année à l'étranger** dans le cadre de votre cursus scolaire ou universitaire !
>
> Avec **Séjour-Lingua**, c'est l'assurance :
>
> – de **devenir** bilingue.
> – de .... **(1)** une expérience unique avec toutes les garanties sociales et matérielles de **Séjour-Lingua** !
> – de .... **(2)** la vie d'une famille sélectionnée par **Séjour-Lingua** pour la chaleur de son accueil !
> – de .... **(3)** votre scolarité dans un lycée ou une université avec qui **Séjour-Lingua** se charge de toutes les formalités administratives.
> – de .... **(4)** de nouvelles habitudes, de nouveaux modes de vie et une nouvelle culture.

– d'..........................(5) dans un lycée où une université dont la qualité de l'enseignement est garantie par **Séjour-Lingua**.

– de ....(6) sur place d'une assistance 24 heures sur 24.

– de ....(7) une année riche de rencontres personnelles et professionnelles.

– de ....(8) en France avec plein de souvenirs inoubliables !

Retrouvez-vite toutes nos informations sur www.sejour-lingua.fr !

Un étudiant intéressé par l'annonce de l'exercice précédent contacte l'organisme Séjour-Lingua pour demander des informations. Associez les réponses de Séjour-Lingua aux questions de l'étudiant en complétant le tableau ci-dessous.

(138)

a. Je voudrais partir en Espagne. Est-ce qu'il y a un niveau minimum requis pour la maîtrise de la langue ?

b. Est-ce que je peux choisir une ville ou un endroit précis en Espagne ?

c. Comment s'organisent les formalités administratives pour mon inscription à l'université en Espagne ?

d. Est-ce que le diplôme que j'obtiendrai sur place sera reconnu en France ?

e. Est-il possible d'avoir des informations sur la famille d'accueil avant mon départ ?

f. Et si la famille d'accueil ne me convient pas ?

g. Est-ce que je bénéficierai d'une sécurité sociale ?

h. Est-ce que le calendrier universitaire espagnol correspond à celui de la France ?

1. Ne vous inquiétez pas. À ce sujet, vous êtes complètement couvert. Vous bénéficiez même d'une assurance rapatriement en cas d'accident ou de maladie grave.

2. Le choix est libre, en fonction des places disponibles, pour Madrid et Barcelone. Pour les autres villes, cela dépend de la formation que vous demandez.

3. Nous vous donnons les coordonnées de votre famille d'accueil une semaine avant votre départ.

4. Oui, à quelques jours près, c'est à peu près le même qu'en France.

5. Il est préférable que vous ayez déjà étudié la langue durant vos études secondaires.

6. Dans ce cas, c'est un peu compliqué. Mais en général tout se passe toujours bien avec les familles d'accueil.

7. Nous prenons en charge toutes les démarches concernant votre inscription et le transfert de votre dossier.

8. Aucun souci là-dessus. Il existe depuis 2002 un système d'équivalence des diplômes dans tous les pays de l'Union Européenne.

a	b	c	d	e	f	g	h
5							

Lisez le résumé sur le film L'auberge espagnole (réalisé en 2002 par Cédric Klapish). Relevez ensuite dans le résumé les mots correspondant aux définitions ci-dessous.

(139)

L'AUBERGE ESPAGNOLE

C'est l'histoire de Xavier, un étudiant parisien de 25 ans, qui part faire sa dernière année d'études en sciences économiques à Barcelone, en Espagne, par le biais du programme d'échanges universitaires Erasmus. Un ami de son père lui a en effet promis un poste au Ministère de l'Économie et des Finances s'il améliore son espagnol.

À Barcelone, Xavier va partager un appartement avec 7 colocataires tous originaires de différents pays européens. Commence alors une cohabitation riche en rencontres, en émotions et en découvertes sur la vie en société et la diversité des individus. Mais c'est aussi pour Xavier l'occasion de se découvrir lui-même : son amour avec Martine, sa fiancée restée en France, y survivra-t-il ?

Exemple : des êtres humains, des personnes → **des individus**

a. une personne qui fait des études supérieures :
→ ....

b. la variété, la pluralité :
→ ....

c. un emploi, une place, une fonction :
→ ....

d. perfectionner, rendre meilleur :
→ ....

e. natif de, venant de :
→ ....

f. personnes cohabitant dans un même appartement :
→ ....

g. grâce à, par l'intermédiaire de :
→ ....

h. assurer, garantir :
→ ....

Complétez les phrases suivantes à l'aide des mots que vous avez trouvés pour l'exercice précédent.

(140)

Exemple : L'alarme de la banque a été déclenchée car des **individus** suspects ont été aperçus près de la salle des coffres.

a. La carte d' .... permet d'obtenir des réductions sur les tickets de cinéma, sur les manifestations culturelles et chez certains commerçants.

b. Pour .... votre français, il n'y a pas d'autre chose à faire que d'écouter la radio et de lire ou d'aller au cinéma voir des films en VO (Version Originale).

c. On lui a proposé un .... de directrice commerciale. C'est la preuve qu'elle a su gagner la confiance de son patron.

d. J'habite dans une grande maison que je partage avec deux .... Je préfère cette solution plutôt que de me retrouver seul dans un petit appartement.

e. Les étudiants .... d'Afrique ou des pays du Maghreb ont souvent des difficultés à obtenir un visa pour étudier en France.

f. Le président de l'université .... que toutes les salles de cours seront équipées d'ordinateurs à partir de l'année prochaine.

g. Les altermondialistes sont des fervents défenseurs de la .... culturelle.

h. .... de cette formation, les jeunes sans diplômes pourront acquérir certaines compétences et trouveront un travail plus facilement.

141 Complétez les définitions avec les mots en gras figurant dans le texte C'est dur d'être un ado !

C'EST DUR D'ÊTRE UN ADO !

Pour les parents, quand on est un ado, le plus important c'est de réussir à l'école. Pour un jeune, ce qui compte surtout, c'est d'**être bien dans sa peau** et dans sa tête, bref d'avoir le moral. Alors, ce n'est pas toujours évident de bien s'entendre avec les parents. Pourtant, entretenir de bonnes relations familiales est un élément **déterminant** pour pouvoir supporter les exigences sociales qui pèsent sur nous.

L'**angoisse** d'un futur incertain, et notamment la peur de ne pas trouver sa voie profession- nelle, constituent des facteurs de stress très importants. Cette pression se fait sentir déjà à l'école. Chaque parent redoute le **spectre** de l'échec scolaire. Si un enfant a de mauvais résul- tats, on l'inscrit dans des cours particuliers, de sorte qu'il puisse **combler** ses retards. Derrière ce constat, un message **récurrent** : pour pouvoir s'en sortir plus tard, il faut qu'on soit parmi les meilleurs.

Mais au-delà des pressions scolaires, les ados subissent également des pressions sociales. On doit être intégré à un groupe d'amis et suivre les codes du groupe auquel on appartient. Cela se traduit par une **dictature** de la mode et du **look**. Celui ou celle qui a le malheur d'échap- per aux modèles imposés a peu de chance de se faire des amis. Ou alors il lui faudra beaucoup de force de caractère et de volonté pour imposer ses choix.

Être un ado au XXIe siècle, c'est la **galère** !

Kevin, 16 ans – Courrier des lecteurs, *Phosphore*

Exemple : essentiel, primordial : **déterminant**

a. une situation pénible, un travail difficile :

→ ....

b. un fantôme, une menace :

→ ....

c. se sentir à l'aise, en accord avec soi-même :

→ ....

d. l'apparence, l'aspect physique (style vestimentaire, coiffure...) :

→ ....

e. l'inquiétude, la crainte :

→ ....

f. un pouvoir absolu, une tyrannie :

→ ....

g. remplir un vide, rattraper :

→ ....

h. répétitif, qui se produit à intervalles réguliers :

→ ....

Voici des paroles de professeurs et d'élèves. Indiquez si on parle d'un prof ou d'un(e) élève. Cochez la bonne réponse.

(142)

Exemple : « Elle était déterminée à me faire repiquer (redoubler) pour entrer en seconde générale. »
→ On parle : ☑ d'un prof ☐ d'un(e) élève.

a. « Il était hors du commun et ne nous prenait jamais de haut. Il acceptait tous les points de vue différents du sien. »

→ On parle : ☐ d'un prof ☐ d'un(e) élève

b. « Il était déprimé par ses notes et j'ai passé l'année avec une collègue à essayer de lui redonner confiance en lui disant qu'il existait d'autres voies possibles. »

→ On parle : ☐ d'un prof ☐ d'un(e) élève

c. « En cours, il était très attentif parce qu'il n'avait pas le temps de faire ses devoirs le soir puisqu'il aidait ses parents dans leur restaurant. »

→ On parle : ☐ d'un prof ☐ d'un(e) élève

d. « Il était tellement passionné et cultivé que je le suis devenue moi-même. Ses cours étaient de purs moments de bonheur. »

→ On parle : ☐ d'un prof ☐ d'un(e) élève.

e. « Avec un copain, on était fascinés par ce puits de culture. Il était très exigeant pour les devoirs mais c'est ça qui me donnait envie d'apprendre. »

→ On parle : ☐ d'un prof ☐ d'un(e) élève.

f. « Il est arrivé en cours d'année scolaire mais a tout de suite été accepté par la classe et l'ensemble de l'équipe enseignante : il était très charismatique. »

→ On parle : ☐ d'un prof ☐ d'un(e) élève.

g. « Il était très pédagogue et savait expliquer à chacun selon son rythme et sa personnalité. »

→ On parle : ☐ d'un prof ☐ d'un(e) élève.

h. « En 30 ans de carrière, j'en ai vus beaucoup dans mes classes ! Mais je n'ai jamais vu quelqu'un d'aussi bavard que lui. »

→ On parle : ☐ d'un prof ☐ d'un(e) élève.

Voici quelques-uns des adjectifs utilisés dans l'exercice précédent. Associez-les aux synonymes ou aux définitions correspondantes.

143

a. déprimé ———————————

b. attentif

c. hors du commun

d. cultivé

e. fasciné

f. charismatique

g. pédagogue

h. bavard

1. doté d'une capacité à exercer une autorité

2. démoralisé

3. qui a le sens de l'enseignement

4. loquace, volubile

5. exceptionnel, inattendu

6. appliqué, assidu

7. captivé

8. érudit, instruit

Complétez les phrases à l'aide des adjectifs de l'exercice précédent (colonne de gauche). N'oubliez pas d'accorder les adjectifs quand c'est nécessaire.

144

Exemple : Elle ne s'arrête jamais de parler. Dans la classe, on n'entend qu'elle. Elle est vraiment très **bavarde**.

a. Ce prof a immédiatement eu l'ascendant sur ces élèves. Dès qu'il prononce un mot, tout le monde est à son écoute. Il est très ....

b. Comme il faisait très chaud, le prof de français a décidé d'organiser exceptionnellement sa classe dehors, en plein air. Tous les élèves ont adoré ce cours ....

c. Marie a appris aujourd'hui qu'elle n'avait pas eu son bac. Je devais prendre un verre avec elle ce soir mais elle a annulé car elle est trop ....

d. Les élèves n'ont pas perdu une miette de l'histoire que le professeur leur a racontée. Ils étaient tous très ....

e. Quand Émilie me téléphone, je ne réponds pas toujours. Elle est capable de faire durer la conversation des heures. Quelle .... !

f. Je vais voir tous les films dans lesquels joue Audrey Tautou. J'adore cette actrice. Je suis totalement .... quand je la vois apparaître à l'écran.

g. Cet étudiant est vraiment très .... Il peut quasiment répondre à toutes les questions que lui posent les professeurs.

h. Le sujet abordé par ce conférencier était très pointu. Mais ses explications, claires et précises, ont permis à tout le monde de comprendre sans effort. C'est un bon ....

Indiquez le secteur d'activités qui correspond au petit boulot mentionné dans chacun des témoignages. Cochez la bonne réponse.

145

Exemple : Paul : « Moi, j'ai trouvé un job comme vendeur dans une librairie. J'y travaille tous les samedis. Ça me permet de me payer mes vacances ! »
☑ **Services à la personne / commerce**   ☐ Hôtellerie / restauration
☐ Manutention   ☐ Éducation nationale / administration

a. Emilie : « Je travaille depuis deux ans comme caissière dans une grande surface. Ça m'a permis de devenir financièrement indépendante. »

☐ Services à la personne / commerce   ☐ Hôtellerie / restauration

☐ Manutention   ☐ Éducation nationale / administration

b. Johan : « Chaque année je fais les vendanges et aussi la cueillette des échalotes. C'est fatigant mais pas trop mal payé. »

☐ Services à la personne / commerce   ☐ Hôtellerie / restauration

☐ Manutention   ☐ Éducation nationale / administration

c. Gwen : « Je suis employée dans un fast-food. Le travail est dur mais mes horaires sont compatibles avec mes cours, et puis l'ambiance est sympa. »

☐ Services à la personne / commerce   ☐ Hôtellerie / restauration

☐ Manutention   ☐ Éducation nationale / administration

d. Ludovic : « Je fais des extras dans une boulangerie industrielle. Je suis à la ligne d'emballage. Vraiment, ça ne me passionne pas. C'est pour ne pas faire ça toute ma vie que je fais des études !»

☐ Services à la personne / commerce   ☐ Hôtellerie / restauration

☐ Manutention   ☐ Éducation nationale / administration

e. Aziz : « Je donne des cours particuliers de maths et de physique à des élèves de terminale. Avec le bouche à oreille, je coache 4 élèves à présent. »

☐ Services à la personne / commerce   ☐ Hôtellerie / restauration

☐ Manutention   ☐ Éducation nationale / administration

f. Amel : « Je fais régulièrement du baby-sitting. Ce n'est pas bien cher payé mais comme j'adore les enfants, je n'ai pas non plus l'impression d'être en train de travailler. »

☐ Services à la personne / commerce   ☐ Hôtellerie / restauration

☐ Manutention   ☐ Éducation nationale / administration

g. Sami : « Je suis vendeur dans un magasin de sport. Le boulot me plaît. On m'a d'ailleurs proposé de devenir responsable de magasin. J'hésite à continuer mes études... »

☐ Services à la personne / commerce   ☐ Hôtellerie / restauration

☐ Manutention   ☐ Éducation nationale / administration

h. Eva : « Je suis pionne dans un collège de la banlieue parisienne. C'est un bon boulot, bien payé. Et je bénéficie d'une certaine sécurité de l'emploi. »

☐ Services à la personne / commerce   ☐ Hôtellerie / restauration

☐ Manutention   ☐ Éducation nationale / administration

Pour chaque série de quatre mots, soulignez l'intrus.

(146)

Exemple : un job – un petit boulot – une activité rémunérée – <u>une organisation</u>

a. une formation – une spécialisation – une nation – une qualification

b. une mention – une aide – une bourse – une allocation

c. financer – payer – rémunérer – accomplir

d. redoubler – redire – repasser – recommencer

e. un soutien à domicile – un travail à mi-temps – une activité à temps partiel – des horaires adaptés

f. une faculté – une université – une salle de réunion – un institut de formation

g. un salarié – un chômeur – un travailleur – un employé

h. des études – des recherches – des séminaires – des lunettes

Complétez le tableau suivant à l'aide de substantifs ou de verbes que vous trouverez dans le texte La recherche en France. **Si vous ne connaissez pas ces termes, aidez-vous du dictionnaire.**

147

LA RECHERCHE EN FRANCE

Le débat s'est ouvert au début de l'année 2004 avec des pétitions et des manifestations et ce débat n'en finit plus. La question est de savoir qui va désormais financer la recherche : les entreprises privées ou l'État français ?

En France, la recherche fondamentale est gérée par le CNRS (Centre National de Recherche Scientifique), qui permet de rester compétitif face aux autres pays tels que les États-Unis. Mais si les salaires n'augmentent pas et si le niveau de recrutement ne s'améliore pas, dans 10 ans, puisqu'il faut 10 ans pour former un chercheur, ce sera la fin de la recherche française.

En effet, depuis quelques années, l'image de l'intellectuel en France s'est dégradée. L'idée généralement admise est qu'un intellectuel ou un chercheur devrait vivre d'une réputation de prestige et accepter de travailler dans une situation précaire. Vouloir être bien payé parce qu'on a étudié longtemps, parce qu'on veut être compétitif dans son domaine ne fait plus partie de la dynamique actuelle du gouvernement. Cela risque de décourager bien des jeunes et entraîner la disparition de la profession de chercheur.

VERBES	NOMS
Exemple : financer	un financement
a. débattre	....
b. recruter	....
c.	une amélioration
d.	une dégradation
e.	une recherche
f.	un gouvernement
g.	un découragement
h.	une disparition

Complétez les phrases à l'aide des mots de la liste suivante : manifester, se dégrader, disparaître, recrutement, débat, découragé, financement, recherche, amélioration. **N'oubliez de faire les accords quand c'est nécessaire.**

148

Exemple : Les lycéens continuent de manifester, ils espèrent ainsi faire plier le gouvernement et l'obliger à retirer sa réforme du système éducatif.

a. Afin d'éviter toutes sortes de discriminations, le gouvernement parle de généraliser le .... à partir de CV (curriculum vitae) anonyme.

b. Beaucoup de jeunes français sont .... par leur avenir professionnel : le chômage et les petits boulots sont trop souvent les seules perspectives qui se profilent pour eux.

c. La campagne sur la ratification de la constitution européenne a soulevé de nombreux .... en France et s'est finalement soldée par la victoire du non.

d. Météo France annonce une .... des conditions climatiques en fin de semaine : les chutes de neiges et les vents violents devraient cesser d'ici 48 heures.

e. L'environnement .... et les ressources naturelles s'épuisent : si nous ne faisons rien pour sauvegarder la planète, celle-ci ne sera plus vivable pour les générations futures.

f. Chaque année dans le monde, des journalistes et des grands reporters .... en accomplissant leur travail. L'association Reporters Sans Frontières dénonce ces atteintes à la liberté d'information.

g. Le .... des partis politiques en France est soumis à des règles très strictes afin d'éviter les dérapages liés à la corruption.

h. L'enquête piétine : la .... de nouveaux éléments n'a rien donné et les enquêteurs sont toujours sur les traces d'indices supplémentaires.

Quelles sont les différentes tâches que vous accomplissez en classe. Reliez les éléments des 3 colonnes pour former un ensemble logique. Attention, il n'y a qu'une solution pour les trois éléments réunis.

149

a. réciter	I. un film	1. sonore
b. apprendre	II. des problèmes	2. en version originale
c. traduire	III. des mots	3. en anglais
d. écouter	IV. un poème	4. de chimie
e. regarder	V. des expériences	5. de vocabulaire
f. rédiger	VI. un document	6. à haute voix
g. résoudre	VII. une dissertation	7. de philosophie
h. faire	VIII. un texte	8. mathématiques

Reliez chacune des formules d'apprentissage à la description qui correspond.

150

a. L'auto-apprentissage	1. L'offre de cours est diversifiée et les enseignants sont titulaires de l'Éducation Nationale.
b. Les cours par correspondance	2. On échange des savoirs gratuitement entre particuliers (je t'apprends l'anglais, tu m'enseignes l'allemand).
c. Les cours particuliers	3. Nombreuses possibilités : cours de groupe, face à face, session intensive, assez coûteux mais la formation est de qualité.
d. Les échanges de savoirs	4. Un enseignant et un étudiant.
e. Les instituts culturels	5. Apprentissage par cd-rom, dvd-rom ou sur support audio traditionnel (livre+ CD).
f. Les universités	6. Un auto-apprentissage et un réel encadrement pédagogique (devoirs à renvoyer, tutorat en ligne...)
g. Les écoles de langue	7. La formule souvent la plus chère mais la plus efficace car les cours de groupe sont limités à un petit nombre d'étudiants.
h. Les cours par téléphone	8. Pour les professionnels, souvent pressés d'apprendre durant des séances d'une demi-heure.

VRAI ou FAUX. Cochez la bonne réponse.

(151)

	VRAI	FAUX
Exemple : Se débrouiller seul, c'est :		
1. Être capable de faire tout soi-même	☑	☐
2. Avoir besoin des autres.	☐	☑

a. Vivre en colocation, c'est :

	VRAI	FAUX
1. Louer un appartement à plusieurs.	☐	☐
2. Savoir vivre en collectivité.	☐	☐

b. Payer les charges en plus du loyer, c'est :

1. Devoir régler l'eau, le gaz, l'électricité.	☐	☐
2. Supporter beaucoup de choses dans la vie.	☐	☐

c. S'émanciper, c'est :

1. Devenir autonome et indépendant.	☐	☐
2. Vouloir connaître son futur.	☐	☐

d. Allonger la durée de ses études, c'est :

1. Étudier toute sa vie.	☐	☐
2. Aller plus longtemps à la fac pour avoir plus de diplômes.	☐	☐

e. Quitter le domicile familial, c'est :

1. Partir de la maison de ses parents.	☐	☐
2. Rechercher un nouveau style de vie.	☐	☐

f. Compter sur les autres en cas de problèmes, c'est :

1. Calculer les avantages d'une nouvelle situation.	☐	☐
2. Espérer trouver l'aide de ses amis.	☐	☐

g. Changer d'orientation, c'est :

1. Trouver un nouveau domaine de spécialisation dans ses études.	☐	☐
2. Se tromper de route et faire demi-tour.	☐	☐

h. Sécher les cours, c'est :

1. Ne pas aimer les cours, ne pas les comprendre.	☐	☐
2. Ne pas aller en cours.	☐	☐

Après le lycée, beaucoup de jeunes aspirent à prendre leur indépendance et à s'affranchir de leurs parents pour vivre leur vie. **Reconstituez les phrases de ce thème en reliant les éléments des deux colonnes.**

152

a. Pour s'affirmer en tant qu'adulte, le jeune a besoin...

b. À 18 ans, il est très important pour lui...

c. C'est un moment de la vie où le jeune adulte...

d. Il veut avoir la liberté de voir...

e. Mais la réalité économique et sociale...

f. En effet, l'émancipation ne s'acquiert vraiment...

g. Or, avec l'allongement de la scolarité et la difficulté de trouver un emploi stable,

h. Les plus chanceux ont des parents qui...

1. ...supporte de plus en plus difficilement d'avoir des comptes à rendre à ses parents.

2. ...ont les moyens de leur payer un appartement.

3. ...qu'avec l'indépendance financière et matérielle.

4. ...de gagner son indépendance.

5. ...qui il veut quand il veut.

6. ...freine l'émancipation des jeunes.

7. ...beaucoup de jeunes sont obligés de rester chez leurs parents.

8. ...de montrer à ses parents qu'il est capable de se débrouiller seul.

Soulignez l'intrus.

153

Exemple : indépendance – autonomie – <u>internat</u> – émancipation

a. les parents – la famille – le jardin – l'entourage

b. la colocation – la communauté – la solitude – la cohabitation

c. un appartement – un domicile – une rue – une location

d. les frais – les cadeaux – les dépenses – les charges

e. faire la lessive – faire le ménage – faire la vaisselle – faire la tête

f. habiter ensemble – travailler dans un espace commun – partager un appartement – vivre sous le même toit

g. le frigo – la télé – la météo – la radio

h. donner une conférence – prendre des cours – suivre des cours – participer à une classe

Des jeunes s'expriment sur la vie à la campagne ou à la ville. Indiquez si chaque témoignage exprime une préférence pour la campagne ou une préférence pour la ville. Cochez la bonne réponse (les mots figurant en gras sont repris dans l'exercice 156).

154

Exemple : « Ce n'est pas que je déteste la ville, mais la campagne c'est quand même beaucoup plus convivial. Tout le monde se dit bonjour et on a le temps de se parler. »
☐ préférence pour la ville   ☑ **préférence pour la campagne**

a. « J'aime l'authenticité, la tradition, les vraies valeurs. Je ne crois pas que la vie citadine respecte les **racines** de l'être humain ! »
☐ préférence pour la ville   ☐ préférence pour la campagne

b. « En milieu urbain, c'est plus facile de trouver du **boulot** et il y a plein de boutiques pour s'acheter des vêtements. »
☐ préférence pour la ville ☐ préférence pour la campagne

c. « La campagne, c'est peut-être **bucolique** mais la réalité c'est qu'on y est isolé de tout et que c'est le désert culturel. »
☐ préférence pour la ville ☐ préférence pour la campagne

d. « Dans les milieux ruraux, c'est là que se crée la véritable solidarité. Quand on a un problème on n'est jamais seul. Pas besoin non plus de prendre rendez-vous pour boire un pot chez un **pote** !»
☐ préférence pour la ville ☐ préférence pour la campagne

e. « Le milieu urbain, c'est le temple de l'individualisme et du chacun pour soi. En tout cas, c'est pas pour moi ! » »
☐ préférence pour la ville ☐ préférence pour la campagne

f. « Entre le calme, la douceur et la pureté du monde rural et le bruit, la **violence** et la pollution des villes, pour moi, pas d'hésitation !»
☐ préférence pour la ville ☐ préférence pour la campagne

g. « Si on veut sortir le soir, il faut avoir une **caisse** et faire 40 kilomètres minimum pour trouver quelque chose. »
☐ préférence pour la ville ☐ préférence pour la campagne

h. « Au village, l'anonymat et la discrétion, ça n'existe pas. Les **commérages** c'est tous les jours. Et les vieux nous prennent pour des délinquants. Je déteste cette **promiscuité** »
☐ préférence pour la ville ☐ préférence pour la campagne

Les mots suivants ont-ils un rapport avec la ville ou avec la campagne ? Un immeuble, un métro, un pâturage, les champs, un boulevard, un chalet, un verger, une forêt, un tramway, une prairie, un gratte-ciel, un embouteillage, un square, un ruisseau, une ferme, une avenue. **Classez-les dans la colonne correspondante.**

(155)

LA VILLE	LA CAMPAGNE
Un immeuble	. . . .
. . . .	. . . .
. . . .	. . . .
. . . .	. . . .
. . . .	. . . .

Cochez la proposition dont le sens est le plus proche de la phrase donnée. Pour vous aider, les mots en gras figurent également en gras dans l'exercice 154.

(156)

Exemple : Viens voir, j'ai une nouvelle **caisse** ! Je t'emmène faire un tour ?
☑ **Tu viens te promener avec moi dans ma nouvelle voiture.**
☐ Viens chez moi, je vais te faire goûter une nouvelle recette.
☐ Regarde, c'est ma nouvelle maison. Je te la fais visiter ?

a. Les gîtes **ruraux** sont de plus en plus prisés pour leur côté familial et authentique.
☐ De plus en plus de voyageurs apprécient le luxe et la modernité des palaces.

☐ Les auberges de jeunesse sont de plus en plus à la mode car elles sont pratiques et bon marché.

☐ Les touristes apprécient de plus en plus les maisons d'hôte car ils peuvent y goûter aux traditions dans une ambiance chaleureuse.

b. Après plusieurs actes de **violence** contre des femmes dans les banlieues, un mouvement de défense des droits de la femme a été créé en 2002.

☐ Les femmes pratiquent de plus en plus le karaté pour se défendre contre les attaques répétées qu'elle subissent.

☐ Des femmes issues de l'immigration ont été violentées à plusieurs reprises. Elles ont décidé de créer une association pour se défendre.

☐ Un groupe de femmes a refusé la soumission aux hommes et a décidé de ne plus leur faire la cuisine après le travail.

c. En ville, la **promiscuité** entraîne souvent des suicides, des meurtres ou des actes de folie.

☐ En ville, les gens vivent les uns sur les autres car ils ont très peur de la solitude et de la violence.

☐ Le mode de vie urbain, en concentrant de fortes populations humaines sur un espace restreint, est à l'origine de nombreux troubles psychologiques.

☐ À la ville, les suicides sont essentiellement commis par des personnes qui n'arrivent pas à s'intégrer à la société.

d. J'ai des **racines** espagnoles et j'en suis fière.

☐ J'habite en Espagne et j'adore ce pays.

☐ J'aime les spécialités espagnoles. Elles sont délicieuses.

☐ Je suis née en France mais mes parents sont espagnols. C'est une double culture que je revendique.

e. Il se dégage de ce tableau de Manet une atmosphère très **bucolique**.

☐ Ce tableau de Manet décrit une ambiance à la fois mélancolique et réaliste.

☐ Il émane de cette peinture de Manet une impression de douceur rurale et de poésie.

☐ Il ressort de ce tableau de Manet une sensation de tristesse et de détresse.

f. Les **commérages** sur les stars de cinéma et de la télévision s'étalent de plus en plus souvent sur les pages des journaux.

☐ La presse consacre de plus en plus de place aux potins sur les stars du petit et du grand écran.

☐ Les informations sur les vedettes de la télévision et du cinéma ne sont jamais vérifiées avant d'être publiées.

☐ Certaines vedettes en mal de notoriété ont de plus en plus souvent recours à la presse à scandale pour faire parler d'elles.

g. Paul a invité de nombreux **potes** pour sa pendaison de crémaillère.

☐ Pour son anniversaire, Paul a fait une grande fête avec ses potes.

☐ Paul a fait appel à tous ses potes pour son déménagement.

☐ Paul a convié beaucoup de copains pour inaugurer son nouvel appartement.

h. Beaucoup d'étudiants ont un petit **boulot**. Pour certains, c'est de l'argent de poche, mais pour d'autres, c'est un moyen de s'émanciper.

☐ Certains étudiants travaillent en dehors des cours pour pouvoir s'offrir des vêtements ou des sorties entre copains. D'autres, pour pouvoir se payer un appartement et s'affranchir de leurs parents.

☐ La plupart des étudiants occupent des emplois peu qualifiés qui ne leur permettent pas de se mettre beaucoup d'argent dans la poche.

☐ Pour la plupart des étudiants, avoir un petit boulot qui ne permette pas de s'émanciper, c'est la suite logique après de longues années d'études.

B. Écologie et environnement

Complétez les phrases avec l'un des thèmes environnementaux suivants : la canicule, les inondations, la disparition d'espèces animales et végétales, la sécheresse, l'effet de serre, la fonte des glaces, l'augmentation du niveau de la mer, les risques sanitaires, les marées noires.

(157)

Exemple : Ce type de pollution est provoqué par le dégazage des bateaux ainsi que par les pétroliers accidentés.
→ Ce sont **les marées noires**.

a. L'augmentation de la température de la planète va faire disparaître petit à petit la banquise.
→ C'est ....

b. De nombreuses îles, atolls et zones côtières sont menacés d'être un jour engloutis par les eaux :
→ C'est ....

c. La biodiversité est la première victime des bouleversements climatiques et de la présence humaine.
→ C'est ....

d. Dans les pays du Sud, l'eau commence à manquer et l'irrigation des sols pose des problèmes.
→ C'est ....

e. En été, des villes européennes sont touchées par d'importantes vagues de chaleur qui font de nombreuses victimes parmi les personnes âgées ou malades.
→ C'est ....

f. Dans certains pays d'Asie et en Inde, les pluies de mousson font déborder les rivières et peuvent être à l'origine d'importants désastres.
→ Ce sont ....

g. Limiter le rejet de dioxyde de carbone dans l'atmosphère en remplaçant notamment les énergies polluantes par des énergies renouvelables permettrait de lutter contre ce phénomène mondial.
→ C'est ....

h. Les changements climatiques menacent également la santé. Ils favorisent la mutation des virus et entraînent des déséquilibres dans les microsystèmes microbiens.
→ Ce sont ....

Des scientifiques ont évalué l'impact de l'effet de serre, en France, en 2050. Complétez chaque paragraphe avec les mots proposés.

(158)

La mer

eau / espèces animales / potable / moustiques

La montée du niveau de l'**eau** **(1)** menacera la Camargue, les côtes du Languedoc, les plages d'Aquitaine et certaines villes proches du Rhône seront inondées.

Certaines .... **(2)** comme les taureaux, les chevaux et les flamants roses migreront dans d'autres régions. Les .... **(3)** proliféreront et l'alimentation en eau .... **(4)** deviendra de plus en plus rare.

La montagne

neige / glaciers

Certains .... **(5)** des Alpes auront disparu. La .... **(6)** tombera plus tardivement en hiver et en moindre quantité.

La végétation

dioxyde de carbone – forêts – espèces parasites – pesticides

L'augmentation du .... **(7)** dans l'air provoquera une croissance accélérée de la végétation. Les .... **(8)** se multiplieront et l'on devra recourir aux .... **(9)** pour enrayer leur propagation. Les .... **(10)** méditerranéennes seront davantage exposées aux incendies de grande ampleur à cause des périodes de sécheresse prolongée .

Notre santé

pollution / allergies / respiratoires / cancers

L'ensoleillement intensif entraînera un accroissement des .... **(11)** de la peau. La chaleur accentuera la .... **(12)** dans les villes et rendra l'air plus difficilement respirable : les problèmes .... **(13)** comme l'asthme ou les .... **(14)** seront de plus en fréquents.

Reliez les noms aux adjectifs pour reconstituer les thèmes liés à l'environnement et à l'écologie.

(159)

a. un accident ———————————→ 1. industriel

b. des produits   2. renouvelables

c. des marées   3. écologique

d. le développement   4. noires

e. les énergies   5. toxiques

f. les gaz   6. durable

g. une catastrophe   7. atmosphérique

h. la pollution   8. à effet de serre

Même exercice

160

a. les rejets
b. les changements
c. l'explosion
d. les énergies
e. les transports
f. les déchets
g. les innovations
h. les impacts

1. routiers
2. industriels
3. alternatives
4. radioactifs
5. climatiques
6. démographique
7. environnementaux
8. techniques

Des adolescents s'expriment sur la pratique du vélo. Indiquez si chacun des témoignages exprime un avis POUR ou CONTRE la pratique du vélo.

161

Exemple : « En été, pourquoi pas... Mais en hiver, avec la pluie, le froid ou la neige, il faut vraiment du courage ! » ☐ POUR   ☑ CONTRE

a. « C'est plus sympa que d'y aller à pied ! ». ☐ POUR   ☐ CONTRE

b. « On peut se faire voler son vélo ! ». ☐ POUR   ☐ CONTRE

c. « Si on part en vélo à l'école, on est fatigué et après c'est difficile de suivre les cours ».
☐ POUR   ☐ CONTRE

d. « C'est un bon moyen de transport et cela évite d'arriver en retard ».
☐ POUR   ☐ CONTRE

e. « C'est trop dangereux, on risque d'avoir des accidents ».
☐ POUR   ☐ CONTRE

f. « On peut partir avec les copains et ça permet d'économiser l'argent du ticket de bus. »
☐ POUR   ☐ CONTRE

g. « Je n'ai plus besoin d'attendre que mes parents m'emmènent à l'école ».

☐ POUR   ☐ CONTRE

h. « Ça demande trop d'attention et d'entretien. Et il vaut mieux avoir quelques connaissances mécaniques, ce qui n'est pas mon cas !».

☐ POUR   ☐ CONTRE

Voici quelques propositions pour lutter contre la pollution automobile. Complétez les phrases avec les mots ou groupes de mots suivants : constructeurs, marchandises, pistes cyclables, piétonniers, location, carburants, véhicules, transports publics, parkings gratuits.

162

Exemple : contraindre les **constructeurs** automobiles à limiter la vitesse des voitures qu'ils fabriquent.

a. améliorer l'offre en matière de .... ;

b. créer des .... surveillés à l'entrée des grandes zones urbaines ;

c. proposer la .... gratuite de vélos dans les centres villes ;

d. développer les .... pour encourager la pratique du vélo ;

e. faire des centres-villes des espaces uniquement ....

f. développer des .... moins polluants que l'essence ou le gasoil, comme l'éthanol par exemple ;

g. taxer davantage les .... polluants, comme par exemple ceux équipés de moteurs diésel.

h. mettre en œuvre une politique de transports de .... par voies ferroviaires, maritimes et fluviales.

Voici quelques gestes quotidiens qui contribuent au respect de l'environnement. Complétez les phrases avec l'un des verbes suivants : acheter, isoler, marcher, trier, prendre, gonfler, laver, chauffer, éteindre.

163

Exemple : **Acheter** des produits avec peu d'emballages ou fabriqués à partir de matières recyclées.

a. .... ses déchets ménagers.

b. .... au lieu de prendre sa voiture pour les petites distances.

c. .... son linge à 40°, pas plus !

d. .... son séjour à 19° C et sa chambre à 16° C en hiver.

e. .... des douches au lieu de bains.

f. .... ses appareils électriques quand on ne les utilise pas.

g. .... son logement de manière efficace.

h. .... les pneus de sa voiture correctement.

Indiquez si chacun des gestes suivants contribue ou non respect de l'environnement.

164

Exemple : **Pratiquer** l'art de la récupération.
☐ contribue au respect de l'environnement
☑ ne contribue pas au respect de l'environnement

a. Rénover son mobilier ou acheter des meubles d'occasion.

☐ contribue au respect de l'environnement

☐ ne contribue pas au respect de l'environnement

b. Utiliser des climatiseurs au lieu des ventilateurs.

☐ contribue au respect de l'environnement

☐ ne contribue pas au respect de l'environnement

c. Réduire sa consommation d'eau.

☐ contribue au respect de l'environnement

☐ ne contribue pas au respect de l'environnement

d. Jeter ses déchets lors d'une promenade en forêt.

☐ contribue au respect de l'environnement

☐ ne contribue pas au respect de l'environnement

e. Circuler en transports en commun.

☐ contribue au respect de l'environnement

☐ ne contribue pas au respect de l'environnement

f. Utiliser du papier recyclé.

☐ contribue au respect de l'environnement

☐ ne contribue pas au respect de l'environnement

g. Utiliser des radiateurs électriques pour se chauffer.

☐ contribue au respect de l'environnement

☐ ne contribue pas au respect de l'environnement

h. Acheter des produits jetables plutôt que des produits réutilisables.

☐ contribue au respect de l'environnement

☐ ne contribue pas au respect de l'environnement

Observez les dessins représentant des personnes en train de manifester. Associez chaque dessin avec les paroles correspondantes.

165

Débats et engagements

⑦   ⑧

Exemple : « La déforestation en Amazonie est une véritable catastrophe écologique. La forêt amazonienne, c'est le poumon de notre planète. » → **dessin n° ❺**

a. « Je n'admets pas que l'on laisse circuler des pétroliers en état de délabrement complet. »

    → dessin n° ......

b. « Il est indispensable que le gouvernement mette en place une véritable politique écologique et de développement durable. »

    → dessin n° ......

c. « Le réchauffement climatique est un fléau qui concerne tout le monde : chacun doit agir pour diminuer les rejets de gaz carbonique dans l'air. »

    → dessin n° ......

d. « Nos ressources énergétiques ne sont pas inépuisables : il faut trouver des solutions pour les économiser. »

    → dessin n° ......

e. « L'automobile est la principale responsable de la pollution des villes. Il faut l'interdire et améliorer les transports en commun.»

    → dessin n° ......

f. « Les consommateurs doivent boycotter les produits manufacturés qui utilisent des conditionnements non écologiques. »

    → dessin n° ......

g. « Je suggère qu'on généralise l'utilisation du papier et du carton recyclé. »

    → dessin n° ......

h. « Il faut abandonner les énergies polluantes ou productrices de déchets et développer les énergies renouvelables.»

    → dessin n° ......

Associez les dessins de l'exercice précédent avec les différentes propositions en faveur de la protection de l'environnement.

(166)

Exemple : Apprenons aux enfants dès leur plus jeune âge les trucs et astuces pour moins gaspiller.
→ dessin n° ❷

9. Obligeons les sociétés responsables de la déforestation à planter un jeune arbre pour tout arbre coupé.

    → dessin n° ......

10. Réglementons la sécurité et la maintenance des cargos pétroliers créons une organisation internationale pour la protection des mers et océans.

    → dessin n° ......

11. Proposons la création d'un grand ministère de l'environnement qui aurait également la responsabilité de l'industrie et de l'économie.

→ dessin n° ......

12. Remplaçons les ampoules traditionnelles par des ampoules basse consommation.

→ dessin n° ......

13. Interdisons les voitures dans les centres villes, créons davantage de pistes cyclables et construisons des tramways.

→ dessin n° ......

14. Obligeons les industriels à commercialiser leurs produits dans des emballages simples et recyclables.

→ dessin n° ......

15. Fermons les centrales nucléaires et remplaçons-les par des parcs éoliens ou des centrales photovoltaïques.

→ dessin n° ......

16. Remplaçons le protocole de Kyoto par une résolution de l'ONU afin d'obliger tous les pays riches à diminuer leurs émissions de dioxyde de carbone.

→ dessin n° ......

Complétez le texte avec les mots suivants : sinistrées, écologiques, écosystèmes, humanitaire, infrastructures, planète, environnement, reconstruire, interculturalité.

(167)

Depuis la catastrophe causée par le tsunami du 26 décembre 2004, les touristes hésitent à retourner en Asie du sud-est pour leurs vacances. Afin d'enrayer cette désaffection touristique et d'aider les habitants des zones **sinistrées** (1) à .... (2) les .... (3) détruites, les voyagistes ont imaginé une solution originale : le tourisme .... (4). Des agences de voyage proposent désormais des séjours .... (5) et solidaires. Cette démarche permet à des populations souvent riches et urbaines de comprendre mieux les enjeux de la protection .... de l'........................... (6) ainsi que l'importance des .... (7) sur la vie des populations aux revenus très modestes. Enfin, en favorisant l'........................... (8) , elle amène les populations d'origines très différentes à une prise de conscience commune sur les dangers encourus par notre .... (9).

Lisez le texte Le cœur de Paris sans voiture en 2012 **et répondez aux questions des exercices.**

LE CŒUR DE PARIS SANS VOITURE EN 2012

L'adjoint au maire aux transports, Denis Baupin, prépare un projet visant à interdire l'accès aux voitures des non-résidents des quatre premiers arrondissements de la capitale. Cette restriction ne concernerait pas les riverains, les personnes ayant obligation d'accès, comme les professions médicales par exemple, ainsi que certaines activités commerciales. Ce plan, prévu en 3 phases, doit mettre en place d'ici à 2007 la réduction de la limite de vitesse autorisée à 30 Km/h, la conversion d'une file de circulation des voies sur berge en une piste cyclable et la réduction de chaussée sur plusieurs grands axes.

Entre 2007 et 2009, la quasi-totalité du quartier des Halles serait fermée à la circulation automobile. Parallèlement, l'opération « Paris respire », qui consiste en l'interdiction temporaire du trafic routier dans certains quartiers, serait étendue à tous les arrondissements centraux. L'adjoint au maire a toutefois souligné qu'un péage urbain comme à Londres n'était pas une bonne solution pour Paris.

Il est nécessaire de préciser que les 2 dernières phases du plan ne sont encore que des hypothèses.

Indiquez si chacun des témoignages est en accord ou en désaccord avec le projet de Denis Baupin.

(168)

Exemple : Exemple : « Avant d'approuver une telle décision, il serait bon que tous les habitants de la région parisienne (l'Île de France) soient consultés et pas seulement les Parisiens. »
☐ EN ACCORD   ☑ EN DÉSACCORD

a. « Paris sans voitures, mais on va tuer le commerce. Attendez qu'on vote aux prochaines élections ! »
☐ EN ACCORD   ☐ EN DÉSACCORD

b. « Baissez le prix du ticket de métro de 50 % et rendez le métro agréable et plus sûr. Voilà les vrais solutions pour faire reculer l'usage de la voiture. »
☐ EN ACCORD   ☐ EN DÉSACCORD

c. « Pour réduire la pollution automobile, il faut privilégier les voitures propres et taxer les véhicules les plus polluants. C'est la seule solution. »
☐ EN ACCORD   ☐ EN DÉSACCORD

d. « Même si ce genre de mesure est extrêmement impopulaire, je pense que c'est la seule solution pour faire chuter la circulation automobile dans les centres villes. »
☐ EN ACCORD   ☐ EN DÉSACCORD

e. « Prenons l'exemple de Strasbourg : un centre-ville piétonnier et des parkings payants à la sortie de la ville. Ce droit de stationnement vous ouvre les portes du tram et des bus toute la journée. Résultat : le centre est plus agréable à la promenade et moins stressant. »
☐ EN ACCORD   ☐ EN DÉSACCORD

f. « Paris aux Parisiens, dans ce cas on leur interdit d'en sortir et on interdit la circulation des voitures parisiennes partout en France ! »
☐ EN ACCORD   ☐ EN DÉSACCORD

g. « La piétonisation de Paris ne pourra vraiment se faire qu'après une réelle amélioration des transports en commun dans toute la région : une intensification des liaisons de banlieue à banlieue, une extension des plages horaires et un service plus performant. »
☐ EN ACCORD   ☐ EN DÉSACCORD

h. Je rêve du jour où il n'y aura plus de voitures dans la capitale. Les quartiers où la circulation sera interdite deviendront des havres de paix : on pourra s'y promener en toute sécurité et le commerce y sera florissant.
☐ EN ACCORD   ☐ EN DÉSACCORD

Complétez les définitions par un mot de la liste suivante : piétonnier, une plage horaire, la banlieue, une restriction, un résident, chuter, un riverain, un péage, un arrondissement.

169

Exemple : Subdivision administrative d'une municipalité : → **Un arrondissement**

a. Personne dont le domicile principal est établi dans le lieu :

→ ....

b. Mesure qui a pour objet de réduire, de limiter ou de réguler :

→ ....

c. Personne qui habite le long d'un cours d'eau et par extension personne habitant le long d'une rue :

→ ....

d. Tomber, diminuer :

→ ....

e. Somme d'argent que l'on doit payer pour franchir un passage, accéder à une zone restreinte ou emprunter un ouvrage d'art :

→ ....

f. Zone périphérique urbanisée autour d'une grande ville :

→ ....

g. Période, intervalle de temps :

→ ....

h. Réservé aux personnes se déplaçant à pied, par opposition aux zones destinées aux mouvements de véhicules :

→ ....

Complétez les phrases suivantes avec les huit mots et groupes de mots de l'exercice précédent. N'oubliez pas les accords quand c'est nécessaire.

170

Exemple : Le bar des deux Moulins, situé dans le 18e arrondissement de Paris, est devenu un lieu de pèlerinage depuis le succès du film *Le Fabuleux Destin d'Amélie Poulain*.

a. Les logements du centre ville étant de plus en plus chers, nombreux sont les Parisiens qui sont obligés d'habiter en ....

b. La rue est tellement animée et bruyante le soir que les .... ont signé une pétition pour demander au maire la fermeture des bars après 23 heures.

c. La consommation ne cesse de .... : les Français épargnent davantage mais achètent moins.

d. En France, la plupart des autoroutes sont payantes : l'automobiliste doit acheter un droit de passage à un ....

e. Depuis que mon quartier est devenu ...., c'est beaucoup plus tranquille. Mais les commerçants ont vu leur chiffre d'affaire diminuer considérablement.

f. Si vous voulez éviter les embouteillages à l'entrée de la ville, il faut éviter certaines ...., en particulier le matin entre 07h30 et 09h ainsi que le soir entre 17 et 19h.

g. En période de sécheresse, certaines municipalités mettent en place des .... d'eau interdisant l'arrosage des jardins et le remplissage des piscines privées.

h. Les .... de ce quartier disposent d'une carte magnétique qui leur permet de franchir les accès en voiture et de se garer sur des parcs de stationnement réservés.

Pour chaque brève, indiquez le titre correspondant parmi la liste proposée.

171

- La chimie verte
- Eau non potable
- Le monde du bruit
- Pas d'OGM dans mon assiette !
- Une énergie pour demain

- Pollution à vendre ou à louer
- Les frontières de l'écologie
- Un printemps à sec
- Microbes sans frontières

Exemple : Le futur prototype de réacteur à fusion nucléaire sera construit sur le site de Cadarache, dans le sud de la France, à 50 km de Marseille. La fusion nucléaire, phénomène physique qui se produit à l'état naturel sur les étoiles, est considérée par de nombreux chercheurs comme l'énergie du futur.
→ **Une énergie pour demain**

a. D'après une étude japonaise, le développement des activités industrielles et commerciales, l'augmentation de la circulation routière ainsi que la démocratisation des techniques de diffusion du son sont à l'origine d'une augmentation de 20 % de la pollution sonore depuis ces dix dernières années.

→ ....

b. Greenpeace dénonce le recours à des organismes génétiquement modifiés (OGM) pour l'alimentation des animaux d'élevage. L'organisation écologique souligne en effet qu'à ce jour aucune étude sérieuse n'a pu prouver l'innocuité de ces organismes sur l'homme.

→ ....

c. Après un automne et un hiver relativement secs, la sécheresse menace une grande partie de la France. Cette situation critique a déjà conduit plusieurs préfectures à imposer des restrictions d'eau, mesures tout à fait exceptionnelles en cette saison.

→ ....

d. Il existe aujourd'hui de nombreux débouchés industriels pour les céréales. La recherche scientifique a permis en effet d'élaborer des procédés pour fabriquer du dentifrice, des sacs plastiques, des cosmétiques ou encore des biocarburants à partir de céréales.

→ ....

e. Pour réduire le risque de transmission de maladies dans les avions, les compagnies aériennes vont devoir appliquer les nouvelles réglementations et notamment augmenter la ventilation des cabines.

→ ....

f. 33 %, c'est la proportion de la nappe phréatique de la vallée du Rhin où les taux de produits toxiques sont supérieurs aux normes de potabilité.

→ ....

g. La charte sur la protection des forêts est de plus en plus difficile à appliquer. Beaucoup de pays certes réglementent l'abattage des arbres sur leur propre territoire, mais en importent des quantités massives pour répondre à une demande croissante.

→ ....

h. En vue du respect des nouvelles normes établies par le protocole de Kyoto concernant les émissions de gaz à effet de serre, les industries se verront bientôt imposer des quotas d'émission de CO_2. Les entreprises les plus pollueuses pourront toutefois contourner la nouvelle réglementation en échangeant des « droits d'émission de CO_2 » avec d'autres entreprises.

→ ....

Associez les éléments des deux colonnes pour identifier les différentes sources d'énergies connues au XXIe siècle.

172

a. énergie hydrolienne
b. énergie hydraulique
c. énergie fossile
d. énergie marémotrice
e. énergie thermique
f. énergie éolienne
g. énergie nucléaire
h. énergie photovoltaïque

1. marée
2. vent
3. **courants marins**
4. soleil
5. atome
6. hydrocarbures
7. sources d'eau chaude
8. eau + gravité

Complétez les phrases avec les adjectifs suivants : noir, démographique, atmosphérique, carbonique, alternatif, climatique, industriel, écologique, durable. N'oubliez pas les accords quand c'est nécessaire.

173

Exemple : Le développement durable est un modèle économique qui place la gestion de nos ressources naturelles au cœur de la problématique de l'avenir de nos civilisations.

a. Dans les grandes villes, en été, la pollution .... atteint de telles proportions qu'on recommande aux enfants et aux personnes âgées de ne pas sortir de chez eux.

b. Le protocole de Kyoto, entré en vigueur au niveau mondial le 30 novembre 2005, propose un calendrier de réduction des émissions de gaz à effet de serre, dont notamment le gaz ....

c. La pollution est en grande partie due aux rejets .... qui émanent des usines.

d. Le réchauffement .... observé ces dernières décennies semblent être directement lié à l'augmentation de la quantité de gaz dits « à effet de serre » dans l'atmosphère.

e. La mise en place d'énergies .... comme l'énergie éolienne ou l'énergie solaire demandera beaucoup de temps et d'argent.

f. La catastrophe .... qu'a entraînée l'explosion du réacteur n° 4 de la centrale de Tchernobyl a stoppé net l'engouement pour l'énergie nucléaire.

g. Les marées .... , catastrophes qui se traduisent par le déversement d'importants volumes de pétrole ou de produits pétroliers dans la mer, ont des effets irréversibles sur l'écosystème marin.

h. L'essor .... de la planète est un autre enjeu majeur du XXIe siècle. La surpopulation mondiale menace en effet de mener nos ressources naturelles à l'épuisement.

Observez la liste de mots. Cochez les huit thématiques qui appartiennent au domaine de l'écologie.

174

☑ un écosystème
☐ la démocratie

☐ la biodiversité
☐ le chômage

☐ la psychanalyse
☐ une malédiction

☐ la cigarette   ☐ les espaces verts   ☐ l'éducation

☐ le tri sélectif   ☐ le milieu naturel   ☐ les énergies propres

☐ les travaux publics   ☐ les sports d'hiver   ☐ le recyclage

☐ les biocarburants   ☐ les pistes cyclables   ☐ les végétariens

C. Politique et institutions

175 **Soulignez l'intrus.**

Exemple : le Président de la République – le Premier Ministre – le Roi – le Gouvernement

a. le Parlement – l'Assemblée Nationale – le Sénat – la Constitution Européenne

b. un vote – une élection – un coup d'état – un suffrage

c. une équipe – une ligue – un parti – un mouvement

d. une affiche – un tract – un bulletin – un CD

e. le côté – la gauche – la droite – le centre

f. le Parti Socialiste – les Verts – le Parti Communiste – les Rouges

g. l'Élysée – L'Église – l'Hôtel Matignon – L'Assemblée Nationale

h. un sénateur – un député – un ministre – un collaborateur

176 **Repérez les 8 titres d'article de presse ayant un rapport avec le thème de la politique et entourez-les.**

Pour ou contre le téléphone portable à l'école ?

La course à la présidentielle a commencé

Les meilleurs plans week-end en Ile de France

Pour ou contre le vote des étrangers ?

Meeting du président de l'UMP à Marseille

Arrestation du meurtrier de la Tour Montparnasse

Commissariat incendié à St Denis

Les verts cherchent encore leur candidat

Une femme président : une idée qui fait son chemin

Dépôt de bilan de la compagnie Air Liberté

Être de gauche, c'est quoi ?

La rentrée littéraire dominée par la polémique Houellebecque

Vague de froid à partir de demain

Vote de la loi sur l'immigration

Parcours gastronomiques avec Joël Robuchon

Primaires au parti socialiste en novembre

Laïcité : un débat qui n'en finit pas

Disparition d'enfants à Agen

Sortie aujourd'hui du dernier film d'Étienne Chatillez

Pour chacun des verbes proposés, trouvez deux noms ou adjectifs de la même famille (= construits à partir du même radical).

177

Exemple : Voter : → un vote/un votant

a. Élire : → .... / ....

b. Gouverner : → .... / ....

c. Nommer : → .... / ....

d. Juger : → .... / ....

e. Conseiller : → .... / ....

f. Présider : → .... / ....

g. Représenter : → .... / ....

h. Consulter : → .... / ....

Vérifiez votre compréhension du vocabulaire. Cochez la bonne réponse.

178

Exemple : Le Président de la République Française est élu pour une durée de 5 ans, cela s'appelle :
☐ un septennat   ☑ **un quinquennat**

a. Quand le Président fait une déclaration à la télévision, cela s'appelle :
☐ une allocation télévisée   ☐ une allocution télévisée

b. Lorsque les candidats s'expriment dans les médias avant une élection, cela s'appelle :
☐ une campagne électorale   ☐ un champagne électoral

c. Un membre du gouvernement s'appelle :
☐ un député   ☐ un ministre

d. Un texte proposé à l'Assemblée nationale ou au Sénat s'appelle :
☐ une proposition de voix   ☐ une proposition de loi

e. Lorsqu'un texte de loi est voté, on dit qu'il est
☐ adapté   ☐ adopté

f. Lorsqu'un français inscrit sur les listes électorales décide de ne pas participer au vote, on dit qu'il est
☐ absent   ☐ abstentionniste

g. Lorsque les Français sont invités à voter pour se prononcer directement sur une question politique, cela s'appelle :
☐ un référendum   ☐ un mémorandum

h. L'Assemblée Nationale et le Sénat constituent
☐ le parlement   ☐ le parloir

Soulignez l'intrus.

179

Exemple : un drapeau – un étendard – une bannière – <u>une mode</u>

a. un hymne – un chant – un cantique– une berceuse

b. un défilé – une procession – une promenade – un cortège

c. une devise – un mot d'ordre – une devinette – un leitmotiv

d. une soirée – une fête – une commémoration –une célébration

e. un grade – une rénovation – une décoration –un insigne

f. un symbole– un emblème – une image – une photographie

g. une salle de bain – un ministère – un secrétariat – un cabinet

h. une grande école – un institut – une garderie – une académie

180 Les symboles de la République. Associez les mots et expressions à la définition correspondante.

1. C'est l'hymne national, chanté lors des cérémonies officielles et des rencontres sportives.

2. Elle incarne la République Française depuis la Révolution Française (1789). On la retrouve sur les pièces de monnaie, sur les timbres et dans les mairies

3. C'est une décoration créée par Napoléon Bonaparte en 1802 pour récompenser les mérites civils et militaires.

4. C'est la fête nationale de la France. Elle se traduit aujourd'hui par un défilé militaire sur les Champs-Elysées, des bals populaires et des feux d'artifice.

5. C'est l'école nationale d'administration. Elle forme les futurs hauts fonctionnaires. De nombreux dirigeants de la France sont sortis de cette école.

6. C'est la devise de la France. Elle est inscrite sur les édifices publics ainsi que sur certains documents officiels.

7. Il a été créé sous la Révolution Française : le blanc est la couleur du roi tandis que le bleu et le rouge sont les couleurs de la ville de Paris.

8. Il était le symbole de la Gaule (ancien nom de la France). Il est surtout utilisé comme emblème dans les milieux sportifs.

a. « Liberté, Égalité et Fraternité »	b. La Marseillaise	c. Marianne	d. Le coq gaulois
6	....	....	....
e. Le drapeau tricolore	f. La Légion d'honneur	g. Le 14 juillet	h. L'ENA
....	....	....	....

181 Complétez le texte avec les mots de la liste suivante : militaire, origine, Président de la République, symboliser, célébrer, peuple, feu d'artifice, bal, manifestation. N'oubliez pas de conjuguer les verbes et d'accorder les noms quand c'est nécessaire.

LA FÊTE NATIONALE

En France, le 14 juillet, on célèbre la Fête Nationale. À Paris, un grand défilé .... (1) a lieu sur la plus belle avenue de Paris, les Champs Élysées, en présence du .... (2) et des plus hauts représentants de l'État. Mais les célébrations du 14 juillet, ce sont aussi des .... **(3)** moins solennelles, dans toutes les villes et villages de France. On y organise des .... **(4)** populaires et on y tire des .... **(5)**.

L'.......................... **(6)** de cette fête remonte au 14 juillet 1789. Ce jour-là, le .... **(7)** français avait pris les armes pour délivrer les quelques prisonniers enfermés arbitrairement dans la vieille forteresse de la Bastille. Cet événement .... **(8)** désormais la victoire du peuple sur le pouvoir royal.

Soulignez l'intrus. Faites bien attention au vocabulaire car il est réutilisé en partie dans l'exercice suivant.

182

Exemple : Un concert humanitaire – une œuvre caritative – un rassemblement de soutien –une fête foraine

a. la manifestation – l'implication – l'indifférence – la mobilisation

b. un artiste – un chanteur – un producteur – un guitariste

c. de l'argent – des recettes – des fonds – des dépenses

d. un intérêt personnel – une cause – une idée – une raison

e. la famine – la vieillesse – le Sida – le racisme

f. les sans-papiers – les clandestins – les immigrés – les sans domicile fixe

g. assister – combattre – soutenir – aider

h. un concert – un show – une réunion – un spectacle

Compléter le texte en soulignant le verbe approprié.

183

Exemple : Les concerts caritatifs ont été lancés/abandonnés en France avec SOS Ethiopie.

a. En France, il existe des concerts de soutien à différentes causes. Ces concerts sont parfois **annulés/initiés** par les artistes eux-mêmes.

b. Beaucoup de chanteurs **se font plaisir/s'ennuient** en s'engageant dans des causes humani- taires.

c. Les grandes causes **attirent/repoussent** beaucoup de célébrités mais toutes ne sont pas aussi fédératrices que la faim dans le monde ou le sida.

d. Pourtant, certains artistes **se refusent/n'hésitent pas** à soutenir des causes plus politiques telles que la défense des immigrés clandestins et des sans-papiers.

e. Malheureusement, cela n'est pas suffisant. De nombreuses associations **ont de la facilité/ont du mal** à trouver des fonds parce que les causes qu'elles défendent ne sont pas populaires.

f. Certains producteurs poussent les artistes à **ignorer/parrainer** des associations uniquement dans le but d'améliorer leur image auprès du public.

g. Aujourd'hui, c'est devenu une quasi obligation pour un artiste reconnu **d'utiliser/de salir** son image pour populariser une bonne cause.

h. Si l'on peut regretter que l'implication des artistes ne soient pas aussi spontanée et gratuite qu'avant, cette suprématie de l'image a quand même pour effet de **freiner/d'accélérer** le financement d'associations autrefois confidentielles.

184 Reliez les deux colonnes pour reconstituer les sujets de société.

a. L'action

b. Le commerce

c. Les préjugés

d. Les énergies

e. Le réchauffement

f. Le respect

g. Le développement

h. L'annulation

1. climatique

2. raciaux ou sexistes

3. durable

4. équitable

5. de la dette

6. **humanitaire**

7. des droits de l'homme

8. renouvelables

185 Complétez les phrases suivantes avec les thèmes d'actualité de l'exercice précédent.

Exemple : Marie s'est engagée dans l'action humanitaire : elle est partie au Soudan avec Médecins Sans Frontières.

a. 180 pays ont signé le protocole de Kyoto en vue d'abaisser leurs émissions de gaz à effet de serre et ainsi freiner le ....

b. Le .... propose une nouvelle voie économique pour réduire les inégalités engendrées par le commerce mondial actuel.

c. Beaucoup d'économistes considèrent que l'............................... des pays de la Périphérie (Tiers-Monde + ex bloc soviétique) est un préalable à un développement économique sociale-ment juste.

d. Le .... est un modèle de développement économique qui permet de répondre aux besoins du présent sans compromettre la capacité des générations futures de répondre aux leurs.

e. Beaucoup de jeunes Français sont attachés à la protection de l'environnement et encouragent le développement des ....

f. Les jeunes déplorent également que les intérêts économiques passent souvent devant le ....

g. Pour faire évoluer les mentalités, des lycéens ont organisé une exposition qui montre l'arbitraire des ....

h. L'............................... permet souvent d'aider les populations en souffrance dans des pays où l'ONU est dans l'incapacité d'intervenir.

Ludovic, 17 ans, vient d'arrêter de fumer. Il témoigne des mauvaises expériences qu'il a vécues quand il était fumeur. Associez chacune de ses expériences avec les éléments de la colonne de droite.

186

a. « Ma copine ne voulait plus que je l'embrasse. »

b. « J'avais beau ouvrir les fenêtres de ma chambre, ça sentait toujours la cigarette. »

c. « Je n'avais plus d'argent de poche. »

d. « J'étais moins bon en sport. »

e. « Je mettais en danger la vie des autres. »

f. « J'étais de mauvaise humeur quand je ne pouvais pas fumer. »

g. « Mes vêtements empestaient. »

h. « Mes dents étaient devenues jaunes et j'avais mauvaise mine.»

1. Les cigarettes coûtent très cher.

2. La cigarette est néfaste pour le fumeur mais aussi pour ceux qui l'entourent.

3. La sensation de manque crée un état de nervosité.

4. Le tabac donne mauvaise haleine.

5. La fumée de cigarette s'imprègne sur les tissus.

6. Fumer est mauvais pour le teint et les dents.

7. Fumer est très mauvais pour le souffle.

8. L'odeur de tabac froid est très tenace.

Bilans

Complétez le tableau avec les éléments suivants : Deux lycéens de 17 ans discutent politique. Complétez leur dialogue avec les mots de la liste suivante : citoyen, mandat, mairie, vote, politique, élections présidentielles, débat, élire, s'inscrire, débat politique. N'oubliez pas de conjuguer les verbes et d'accorder les noms quand c'est nécessaire.

187

Aziz : Est-ce que ça t'intéresse le **débat** politique qu'il y a actuellement à la télé ?

Erwan : Quoi, quel débat ?

Aziz : Tu sais que l'année prochaine, on va avoir des .... **(1)** pour choisir le prochain Président de la République ?

Erwan : Oui, j'en ai entendu parler mais la .... **(2)** , moi, ça ne m'intéresse pas du tout !

Aziz : Tu .... **(3)** sur les listes électorales quand même ?

Erwan : Non, pour quoi faire ?

Aziz : Oh là là ! J'y crois pas ! Erwan, tu vas avoir 18 ans et ce sera ton premier .... **(4)**. Tu dois absolument aller t'inscrire à la .... **(5)** avant le 31 décembre !

Erwan : Ah bon ! Pourquoi c'est si important ?

Aziz : C'est important parce qu'on va .... (6) notre futur président et son .... (7) sera de 5 ans. Ca veut dire qu'il restera 5 ans à la tête de notre pays.

Erwan : Vraiment ?

Aziz : Oui, vraiment ! Alors, toutes les voix comptent. Voter, c'est un devoir de .... (8), c'est se rendre responsable des décisions politiques qui seront prises demain.

Erwan : D'accord, tu m'as convaincu. Je vais m'inscrire. Au fait, comment s'appelle le président actuel ?

Les deux mêmes lycéens discutent sur leurs choix de vie. Complétez le dialogue à l'aide des mots proposés : colocation, job, loyer, financièrement, appart, liberté, dépendant, se disputer, couple.

(188)

Aziz : Comment ça va avec ta copine ?

Erwan : Pas très fort : on a décidé de se séparer. Heureusement qu'on n'avait pas pris d'**appart** ensemble, ça ne pouvait pas marcher !

Aziz : Oui, heureusement. Mieux vaut être sûr avant de s'engager dans une vie de .... (1).

Erwan : T'as raison ! Je crois que je vais encore vivre chez mes parents pour un petit moment. Je n'aurai pas de .... (2) à payer chaque mois ni à me demander ce que je vais bien pouvoir manger pour dîner !

Aziz : Encore faut-il que ça se passe bien avec les parents ! Moi, avec les miens, ç'est vraiment pas génial en ce moment. On .... (3) quasiment tous les jours. Ils ne me laissent aucune .... (4) : pendant la semaine, je n'ai pas le droit de sortir le soir, même si c'est pour réviser avec des potes. Et le samedi, je dois être rentré à minuit. En plus, ils m'ont dit que ce serait comme ça tant que je serais .... (5) d'eux.

Erwan : Tu sais, moi aussi, j'en ai marre finalement d'être chez mes parents, même s'ils sont beaucoup plus cools que les tiens.

Aziz : Pour moi, c'est décidé. En juillet, j'ai mon bac. Je m'inscris à la fac à Bordeaux. Je trouve un .... (6) et je loue un appartement.

Erwan : Il est super ton plan ! J'aimerais bien faire pareil... Mais .... (7), même avec un petit boulot, je ne suis pas sûr que ce soit possible.

Aziz : J'ai peut-être une solution. Ça te dirait de faire une .... (8) avec moi ?

Jugements et sentiments

A. Exprimer un jugement ou un sentiment au moyen d'un adjectif

> **Rappel**
>
> N'oubliez pas d'utiliser le **subjonctif** dans la complétive qui suit la construction **verbe + adjectif**.
>
> Exemples :   Je <u>trouve indispensable</u> qu'il **apprenne** le français.
>
> Il me <u>semble primordial</u> qu'il **réussisse** son examen.
>
> Il me <u>paraît étrange</u> qu'il **ne vienne pas**.
>
> Il <u>est curieux</u> qu'il **soit** déjà là.
>
> Il <u>semble dangereux</u> qu'il **agisse** ainsi.
>
> Il <u>paraît envisageable</u> qu'il **quitte** son travail.

Pour chaque sujet de réflexion, cochez l'adjectif qui convient pour exprimer un jugement politiquement correct.

(189)

Exemple : Il est choquant...   ☑
 Il est normal...   ☐
...que, dans les pays pauvres, les grandes firmes occidentales emploient des enfants dans leurs usines.

a. C'est bien...   ☐

 C'est inutile...   ☐   ...qu'on respecte les personnes âgées.

b. Il est juste...   ☐

 Il est regrettable...   ☐   ...que l'homme détruise l'environnement.

c. Cela me dérange...   ☐

 Cela me fait plaisir...   ☐   ...que les préjugés sexistes persistent dans le monde du travail.

d. Il semble évident...   ☐

 Il semble improbable...   ☐   ...que la publicité influence les jeunes.

e. C'est naturel...   ☐

 C'est scandaleux...   ☐   ...que le racisme existe toujours dans nos sociétés.

f. Il est légitime...   ☐

 Il est étonnant...   ☐   ...que les jeunes craignent pour leur avenir.

g. Cela me rend triste...   ☐

 Cela m'amuse que...   ☐   ...que la guerre soit encore d'actualité au XXIe siècle.

h. Il est inquiétant... ☐

Il est absurde... ☐ ...qu'on découvre de nouvelles maladies.

Même exercice.

190

Exemple : Il est raisonnable... ☐
Il est anormal... ☑
que les jeunes consomment autant de drogues douces.

a. Les Français sont contents... ☐

Les Français sont inquiets... ☐

...que la vitesse autorisée pour les voitures soient réduites en ville.

b. Il paraît probable... ☐

Il paraît étrange... ☐

...que la cellule familiale traditionnelle disparaisse au profit de nouveaux modèles familiaux.

c. Les Françaises qui ont des enfants trouvent absolument...

☐ logique... ☐ irrationnel...

...qu'on aménage leur temps de travail.

d. Il semble important... ☐

Il semble stupéfiant... ☐

... que les responsables politiques créent des Maisons de l'Adolescence dans toutes les grandes villes.

e. La majorité des Français jugent... ☐ qu'il est nécessaire...

☐ qu'il est inutile...

...que leur pouvoir d'achat augmente.

f. Les Parisiens trouvent... ☐ fantastique...

☐ superflu...

...qu'on organise de nombreuses manifestations culturelles dans la capitale.

g. Les citadins... ☐ se réjouissent...

☐ s'agacent...

...qu'on rénove toutes les façades noircies par la pollution.

h. Les Européens semblent... ☐ satisfaits...

☐ tristes...

... que de nouveaux pays adhèrent à l'Union Européenne.

Pour chaque sujet de réflexion, cochez l'adjectif qui convient pour exprimer un jugement politiquement correct.

191

Exemple : Je trouve... ☐ honteux ☑ étonnant
... qu'une femme soit capable de faire le tour du monde à la voile en solitaire.

a. Il me semble... ☐ légitime ☐ inexplicable

... que la fille cachée du président François Mitterrand s'exprime enfin dans une autobiographie.

b. Il paraît... ☐ extraordinaire ☐ naturel

... que des agriculteurs présentent leur bétail au Salon de l'Agriculture à Paris.

c. Les Français trouvent... ☐ louable ☐ révoltant

... qu'un ministre bénéficie d'un appartement de fonction s'il est déjà propriétaire d'un logement près de son lieu de travail.

d. Il est... ☐ inacceptable ☐ préférable

... que les demandeurs d'asile ou les étrangers soient victimes de discriminations.

e. Il est... ☐ inquiétant ☐ juste

... que les constructeurs automobiles commercialisent des voitures à petits prix destinées aux personnes aux revenus modestes.

f. Il est... ☐ triste ☐ primordial

... qu'on garantisse un travail aux jeunes dès leur sortie du système scolaire.

g. Il est... ☐ intolérable ☐ profitable

... que les pays riches participent si peu au développement des pays pauvres.

h. Il me semble... ☐ logique ☐ bizarre

... que des lycéens se mobilisent pour défendre le système éducatif.

Rappel

Les adjectifs antonymes

Les **antonymes** sont deux mots de sens contraire, opposé.

• Ils peuvent être des adjectifs de racines différentes.

exemple : **froid/chaud**

• Ils peuvent aussi avoir la même racine. Dans ce cas, l'antonymie peut se faire à partir :

– de l'ajout d'un préfixe à valeur négative :

dé-, dés-, dis- :	plaisant/**dé**plaisant
	équilibré/**dés**équilibré
	gracieux/**dis**gracieux
in-, il-, ir-, im- :	amical/**in**amical
	lettré/**il**lettré
	responsable/**ir**responsable
	patient/**im**patient
mal-, mé- :	heureux/**mal**heureux
	content/**mé**content
a-, anti-, contre-, non :	typique/**a**typique
	conformiste/**anti**conformiste
	indiqué/**contre**-indiqué
	violent/**non**-violent

– de deux préfixes à valeurs opposées :

sympathique/**anti**pathique

bienveillant/**mal**veillant

homogène/**hét**érogène

surpeuplé/**sous**-peuplé

192 Trouvez l'antonyme de chaque adjectif. Puis complétez la phrase correspondante avec l'adjectif proposé ou son antonyme. Pour vous aider à former les antonymes, consultez le tableau ci-dessous. N'oubliez pas d'accorder les adjectifs quand c'est nécessaire.

	in-	im-	il-	a-
acceptable	✓			
normal				✓
prudent		✓		
logique			✓	
juste	✓			
concevable	✓			
humain	✓			
supportable	✓			
possible		✓		

Exemple : humain → **inhumain**
La torture est une pratique **inhumaine** qui ne devrait plus exister à notre époque.

a. normal → ....

Les féministes estiment qu'il est .... qu'en France, pour un emploi identique, on paye les femmes 20 % de moins que les hommes.

b. juste → ....

Beaucoup d'adolescents trouvent .... le fait de ne pas pouvoir voter aux élections et voudrait que le droit de vote soit accordé dès l'âge de 16 ans.

c. acceptable → ....

En vertu du principe de laïcité, la loi française considère qu'il est .... d'afficher des signes religieux ostentatoires à l'école publique.

d. prudent → ....

Lorsqu'on se promène en montagne, il faut être très .... La montagne peut en effet être très dangereuse.

e. logique → ....

Léa n'est pas très bonne en maths. Elle n'a pas un esprit ....

f. supportable → ....

Les habitants de Roissy, ville où se trouve le plus grand aéroport français, protestent contre l'accroissement du trafic aérien. Ils jugent les nuisances sonores ....

g. Concevable → ....

Pour la plupart des scientifiques, il paraît .... que, dans le futur, l'humanité puisse coloniser une autre planète.

h. possible → ....

Les mêmes scientifiques pensent également que la vie extra-terrestre est fort ...., voire probable.

193 Indiquez si les phrases suivantes expriment un jugement positif ou négatif. Cochez la case correspondant à votre choix. Observez bien l'emploi des adjectifs.

Exemple : Il est intéressant qu'un étudiant puisse faire une formation en alternance.
☑ POSITIF   ☐ NÉGATIF

a. C'est utile qu'on recycle tous nos déchets pour aider à la protection de l'environnement.
☐ POSITIF   ☐ NÉGATIF

b. C'est romantique qu'il t'ait invitée à faire ce voyage à Venise pour la Saint Valentin.
☐ POSITIF   ☐ NÉGATIF

c. C'est dommage qu'il y ait si peu d'aires de jeux et de jardins publics dans notre ville.
☐ POSITIF   ☐ NÉGATIF

d. C'est génial qu'on puisse aujourd'hui communiquer avec d'autres peuples et d'autres cultures à l'autre bout du monde en quelques instants.
☐ POSITIF   ☐ NÉGATIF

e. C'est invraisemblable qu'on interdise à des cafés placés dans des lieux touristiques d'ouvrir après minuit.
☐ POSITIF   ☐ NÉGATIF

f. C'est magnifique qu'un père voie naître son enfant et assiste à ce moment unique qu'est l'accouchement.
☐ POSITIF   ☐ NÉGATIF

g. C'est inadmissible qu'il y ait autant d'images violentes à la télévision.
☐ POSITIF   ☐ NÉGATIF

h. C'est formidable que l'on puisse aujourd'hui voyager n'importe où à travers le monde en quelques heures d'avion.
☐ POSITIF   ☐ NÉGATIF

194 Même exercice.

Exemple : C'est bien qu'il y ait encore des esprits contestataires.
☑ POSITIF   ☐ NÉGATIF

a. C'est dangereux qu'il y ait des installations industrielles à proximité des villes.
☐ POSITIF   ☐ NÉGATIF

b. C'est déplorable que les enfants aient accès si facilement à des images violentes quand ils surfent sur l'Internet.
☐ POSITIF   ☐ NÉGATIF

c. C'est douteux qu'un président en fonction soit protégé par son statut et ne puisse être jugé pour les infractions qu'il a commises.

☐ POSITIF   ☐ NÉGATIF

d. C'est désolant que les agriculteurs soient obligés de faire des manifestations pour demander de l'aide au gouvernement.

☐ POSITIF   ☐ NÉGATIF

e. C'est indispensable qu'on développe le commerce équitable pour aider les petits producteurs des pays pauvres.

☐ POSITIF   ☐ NÉGATIF

f. C'est cruel que de nombreux petits français ne puissent pas partir en vacances l'été.

☐ POSITIF   ☐ NÉGATIF

g. C'est excitant de penser qu'un jour on ait la possibilité d'aller passer un week-end sur Mars.

☐ POSITIF   ☐ NÉGATIF

h. C'est lamentable que certains supporters de football tiennent des propos racistes envers les joueurs.

☐ POSITIF   ☐ NÉGATIF

---

(195) Remplacez les parties en gras par la forme il est + adjectif.

Exemple : **Cela m'inquiète** que les jeunes Français soient aussi faibles en langues étrangères.
→ **Il est inquiétant** que les jeunes Français soient aussi faibles en langues étrangères.

a. Cela exaspère les Français que le pouvoir d'achat diminue constamment.

→ ....

b. Les producteurs regrettent que le téléchargement illégal de musique se multiplie et menace l'ensemble du marché du disque.

→ ....

c. Cela m'étonne que le foot féminin soit beaucoup plus pratiqué aux États-Unis qu'en France.

→ ....

d. Les enseignants apprécient que l'opération La semaine de la Presse à l'École soient devenue un rendez-vous incontournable.

→ ....

e. Je comprends que les adolescents aient une certaine inquiétude de l'avenir.

→ ....

f. Cela me surprend que davantage de femmes ne puissent pas accéder à des postes de chefs d'entreprise.

→ ....

g. Cela scandalise la population que les prix des loyers augmentent dans de telles proportions.

→ ....

h. Cela me révolte que le dopage soit si répandu dans le sport de haut niveau.

→ ....

Indiquez si chacun de ces témoignages de lycéens exprime un sentiment POSITIF ou NÉGATIF.

196

Exemple : « Il est ridicule que l'on ne prenne pas en compte l'opinion des jeunes dans les transformations du système éducatif. »
☐ POSITIF ☑ NÉGATIF

a. « Il me paraît juste que l'on enseigne le fait religieux à l'école et qu'on développe la connaissance des autres religions. »

☐ POSITIF ☐ NÉGATIF

b. « Je trouve important que l'on apprenne *la Marseillaise* à l'école aux plus jeunes pour qu'ils connaissent les valeurs de leur pays et apprennent à les respecter. »

☐ POSITIF ☐ NÉGATIF

c. « Il est plus logique que l'on estime le sérieux d'un lycéen aux notes de ses contrôles continus plutôt qu'à partir d'une note globale pour le baccalauréat. »

☐ POSITIF ☐ NÉGATIF

d. « Cela me révolte que l'on soit obligé de choisir entre une matière artistique et une langue étrangère. Moi, j'aime les deux ! »

☐ POSITIF ☐ NÉGATIF

e. « Pour ma part, je trouve anormal que l'on ne trouve pas de remplaçant à un prof quand il est malade ou absent. »

☐ POSITIF ☐ NÉGATIF

f. « J'estime indispensable que l'on forme les jeunes profs à la pédagogie. Ils n'ont pas toujours l'expérience pour enseigner dans les classes difficiles. »

☐ POSITIF ☐ NÉGATIF

g. « Il est inconcevable que l'on envoie de jeunes profs sans expérience dans des collèges ou des lycées particulièrement difficiles. »

☐ POSITIF ☐ NÉGATIF

h. « Il n'est pas souhaitable qu'un jeune enfant soit obligé d'aller à l'école dès l'âge de 3 ans sous prétexte que ses deux parents travaillent. »

☐ POSITIF ☐ NÉGATIF

B. La confiance en soi

Lisez les témoignages et indiquez si le locuteur a confiance en lui. Cochez la bonne réponse.

197

Exemple : « J'ai conscience que je dis parfois des bêtises, mais qui n'en dit jamais ? Et puis, celui qui se tait est sûr de ne jamais se tromper. »
☑ Le locuteur a confiance en lui.
☐ Le locuteur n'a pas confiance en lui.

a. « J'ai horreur de prendre la parole en public. »

☐ Le locuteur a confiance en lui.

☐ Le locuteur n'a pas confiance en lui.

b. « Je déteste parler de moi, je préfère qu'on ne me remarque pas. »

☐ Le locuteur a confiance en lui.

☐ Le locuteur n'a pas confiance en lui.

c. « Je pense qu'un compliment n'est jamais vraiment sincère et qu'il cache toujours quelque chose de suspect. »

☐ Le locuteur a confiance en lui.

☐ Le locuteur n'a pas confiance en lui.

d. « Quand on me fait des critiques, je me défends et je refuse de perdre mes moyens. »

☐ Le locuteur a confiance en lui.

☐ Le locuteur n'a pas confiance en lui.

e. « Je sais que je suis capable d'avoir un travail intéressant plus tard. Je dois persévérer dans mes études et aller de l'avant. »

☐ Le locuteur a confiance en lui.

☐ Le locuteur n'a pas confiance en lui.

f. « Quand j'ai un souci, que quelque chose me travaille, j'en parle autour de moi. Ça fait du bien de mettre des mots sur ses inquiétudes et ça permet aussi de collecter des conseils. »

☐ Le locuteur a confiance en lui.

☐ Le locuteur n'a pas confiance en lui.

g. « Je ne vois pas comment on peut s'intéresser à moi car je suis vraiment banal. »

☐ Le locuteur a confiance en lui.

☐ Le locuteur n'a pas confiance en lui.

h. « J'ai un tas de problème. Je suis timide et j'ai du mal à m'exprimer en public. Mais je suis jeune, et je suis convaincu que je vais m'améliorer. Il me reste tant de choses à apprendre. »

☐ Le locuteur a confiance en lui.

☐ Le locuteur n'a pas confiance en lui.

C. La satisfaction et l'insatisfaction

Des étudiants expriment leurs sentiments sur le stage qu'ils ont effectué en entreprise. Indiquez s'ils jugent leur expérience POSITIVE ou NÉGATIVE.

(198)

Exemple : « Les stages, c'est formateur. On apprend plein de choses. Je voudrais continuer à en faire pour trouver un bon job avec mon expérience. C'est très enrichissant ».

☑ POSITIVE   ☐ NÉGATIVE

a. « J'ai fait mon stage dans un labo d'analyses. Je suis allée partout, j'étais vraiment enthousiaste et je me suis amusée à faire aussi des expériences. C'était réellement passionnant ».

☐ POSITIVE   ☐ NÉGATIVE

b. « Il y a des entreprises qui n'embauchent que des stagiaires parce que ça ne coûte pas cher. On nous confie beaucoup de travail mais pas de responsabilités, on est surtout là pour remplir des papiers. C'est un peu dommage ! »

☐ POSITIVE   ☐ NÉGATIVE

c. « J'ai détesté ce stage. J'ai dû faire le boulot de deux personnes. J'étais au bureau de 8 heures du mat à 8 heures du soir. Ca s'appelle de l'exploitation, il n'y a pas d'autres mots. »

☐ POSITIVE   ☐ NÉGATIVE

d. « Je suis maintenant au service de communication. Après mon stage de fin d'études, on m'a proposé de débuter dans la profession. J'étais trop contente. En plus, le patron est très sympa, jeune et nous laisse beaucoup de liberté au niveau des horaires, du moment que le travail est fait en temps et en heures. »

☐ POSITIVE   ☐ NÉGATIVE

e. « Je suis externe dans un hôpital. Je vois des patients toute la journée comme les « vrais » médecins. J'assiste à des consultations et franchement, ça me tracasse beaucoup de me tromper, même si un médecin refait toujours l'examen après moi. Le soir, j'ai souvent du mal à m'endormir ! »

☐ POSITIVE   ☐ NÉGATIVE

f. « J'ai travaillé dans un journal à la fin de ma licence de droit. C'était vraiment professionnel. Dès le premier jour, on m'a envoyé sur le terrain. Et après, je n'ai pas arrêté. C'était super stimulant. »

☐ POSITIVE   ☐ NÉGATIVE

g. « J'ai fait mon stage dans un cabinet d'avocats. Je pensais apprendre plein de choses. En fait, on m'a fait faire les tâches administratives. J'en avais marre. Je n'ai eu aucun contact avec les professionnels. Je passais mon temps à attendre qu'on me demande quelque chose. C'était l'horreur ! »

☐ POSITIVE   ☐ NÉGATIVE

h. « Je suis désolée mais je pense que faire un stage ne sert à rien. Juste à avoir une ligne de plus à mettre sur son CV. On nous fait faire tout ce que les autres ne veulent pas faire ou tout le travail ingrat. Je ne recommanderais à personne de faire un stage. »

☐ POSITIVE   ☐ NÉGATIVE

D. Le soutien et l'encouragement

Que diriez-vous à votre ami(e) pour le rassurer ? Associez chaque situation aux paroles correspondantes en complétant le tableau.

(199)

a. Votre amie vous explique que son petit copain l'a quittée pour une de ses meilleures copines.

b. Votre ami vous avoue que c'est lui qui vous avait volé de l'argent quelques jours plus tôt et vous avait laissé accuser une autre personne.

c. Vous avez sympathisé avec une nouvelle étudiante. Votre meilleure amie vous exprime sa jalousie.

d. Votre ami, qui est un peu timide, est invité à une fête. Il hésite à y aller car il ne connait personne.

e. Vous avez une discussion un peu vive avec votre amie. En colère, celle-ci se met à pleurer.

f. Vous accompagnez un ami chez lui. Ce dernier est très inquiet car il est très en retard et a peur de la réaction de ses parents.

g. Votre ami est très déçu. Il vient de manquer la dernière séance d'un film qu'il voulait absolument voir.

h. Vous venez de faire une chute à vélo. Vous sentez que vous n'avez rien mais votre amie accourt vers vous, complètement affolée.

1. « C'est rien, je ne me suis pas fait mal, heureusement que j'avais mon casque ! »

2. « Ne te fais pas de soucis, il y aura mon frère et il va te présenter à tous ses copains. Tu verras, ils sont hyper sympas ! »

3. « Arrête de penser à lui. Tu es super mignonne. Et puis pense à la fête samedi prochain chez Kader. Tous les mecs vont tourner autour de toi ! »

4. « Ne t'en fais pas ! Je vais leur expliquer qu'on était chez moi pour faire le devoir de maths. Tout ira bien, je suis sûr qu'ils comprendront. »

5. « Ton attitude me déçoit. En même temps, je comprends tes problèmes et j'apprécie que tu me dises la vérité. »

6. « C'est pas grave, il va bientôt sortir en DVD. Si tu veux, on le louera ensemble et on ira le voir chez mon oncle, sur son écran géant. »

7. « Pardonne-moi, je ne me doutais pas que mes paroles te feraient si mal. Je ne pensais pas ce que j'ai dit. »

8. « Ne t'inquiète pas. Tu sais très bien que tu comptes énormément pour moi. Fais-moi confiance, je ne te laisserai jamais tomber ! »

a	b	c	d	e	f	g	h
3							

200 **Reliez les paroles aux encouragements appropriés.**

a. On ne peut pas compter sur lui, il n'est jamais là quand il faut.

b. Je n'aurai aucun problème à aller le voir pour lui expliquer ce qui s'est passé.

c. C'est super ! Je ne m'attendais pas à avoir autant de réponses positives.

d. J'ai presque terminé mon mémoire, ouf ! Mais il me reste la conclusion...

e. Je suis complètement découragé. Je n'y arriverai jamais. J'ai perdu confiance !

f. Je sais vraiment ce que j'ai envie de faire et je ne changerai pas d'avis.

g. Ca m'est égal qu'on dise ça de moi. Je sais que j'ai pris la bonne décision.

h. Je sais que j'ai pris une mauvaise décision mais j'ai peur de tout annuler.

1. Bravo, vous êtes sur la dernière ligne droite. Ne vous découragez pas.

2. Mais si, vous pouvez y arriver. Courage !

3. Courage, il faut savoir assumer ses erreurs.

4. Alors, vas-y, n'attends pas !

5. Je suis très contente pour toi.

6. Alors débrouille-toi toute seule !

7. C'est bien d'être aussi sûr de soi !

8. Alors, continue !

Complétez les phrases suivantes par les expressions ou verbes exprimant l'interdiction, l'obligation ou la permission : permettre de, être autorisé à, interdire de, avoir le droit de, déconseiller de, conseiller de, être obligé de, dispenser de, tolérer que. **Accordez les verbes quand c'est nécessaire. Aidez-vous aussi des prépositions mentionnées dans la liste des verbes.**

201

Exemple : Le surveillant rappelle à un élève qu'il est interdit de manger dans la salle d'études.
→ Thomas, je ne vous **permets** pas de manger dans la salle d'études.

a. Votre professeur n'accepte pas que vous parliez pendant l'examen :

« Je ne .... pas les bavardages pendant l'examen. »

b. Comme vous êtes malade, votre professeur de sport vous autorise à ne pas suivre le cours d'éducation physique :

« Je vous .... de cours de sport aujourd'hui. Mais la prochaine fois, apportez-moi un certificat médical. »

c. Le professeur de français donne quelques recommandations pour les achats de rentrée :

« Pour les dictionnaires, vous avez le choix. Mais je vous .... d'acheter le dictionnaire Le Robert. Il est plus complet que le Larousse. Il donne l'étymologie de chaque mot, ainsi que des antonymes et des synonymes. »

d. Vous pouvez choisir entre deux matières facultatives pour votre formation. La conseillère d'orientation vous explique :

« Vous n' .... pas .... de choisir cette matière. Elle n'est pas obligatoire. Mais elle peut juste vous servir à rattraper des points. »

e. Lors d'un test de mathématique, le professeur demande aux élèves de ne pas utiliser de calculatrice :

« Vous n' .... pas .... à recourir à votre calculatrice pour le test d'aujourd'hui. On vous demande seulement les formules et démonstrations vues en cours. »

f. Le directeur du lycée rappelle le règlement concernant les restrictions sur le tabac :

« Le règlement vous .... de fumer à l'intérieur de l'établissement et sous le préau. »

g. Le directeur du lycée rappelle le règlement concernant le parking de l'école :

« Le parking est réservé au personnel du lycée. Vous n'............. pas ....
de vous y garer. »

h. Un surveillant explique aux lycéens les risques qu'ils encourent s'ils sont surpris à fumer dans une salle de classe :

« Je vous .... de fumer dans les classes. Vous seriez immédiatement renvoyés trois jours. »

202 Reliez les paroles prononcées au sentiment exprimé.

1. La satisfaction

2. Le bonheur

3. La déception

4. La honte

5. La crainte

6. La joie

7. La peine

8. La fierté

a. Je suis gêné par mon discours, je n'ai pas arrêté de bafouiller.	**b.** Bravo pour vos résultats. Vous ne m'avez pas déçu.	**c.** J'ai eu mon exam : j'ai la banane !	**d.** Je regrette qu'il ne vienne pas ce soir.
4	....	....	....
e. Je suis content de dire à tout le monde que j'ai gagné le 1er prix.	**f.** La vie me fait plein de cadeaux : je suis sur un nuage !	**g.** Je ne sais toujours pas dans quelle université je vais m'inscrire...	**h.** Je suis triste d'apprendre cette nouvelle.
....	....	....	....

203 Soulignez le sentiment contraire aux deux autres.

Exemple : le mépris – l'admiration – l'adoration.

a. l'antipathie – la haine – la sympathie

b. la colère – la satisfaction – l'indignation

c. l'inquiétude – la confiance – l'anxiété

d. l'optimisme – le désespoir – le pessimisme

e. la peur – l'audace – l'appréhension

f. la stupéfaction – l'étonnement – l'indifférence

g. la déception – le contentement – le dépit

h. le malheur – le bonheur – la plénitude

Reliez les sentiments aux paroles prononcées.

204

a. La surprise

b. La peur

c. L'indifférence

d. Le courage

e. La colère

f. La satisfaction

g. La méfiance

h. Le dégoût

1. Je m'en fous de rater mon bac. Y a pas que ça dans la vie !

2. Olivier ! Qu'est-ce que tu fais là ? Tu ne devais pas être en Espagne ?

3. J'aime pas ce prof. Il est tout gentil avec nous mais pour les interros, on n'a que des notes minables.

4. J'arrive pas à traduire les textes en anglais parce qu'ils sont très difficiles. En plus, la prof nous donne trop de devoirs. Je déteste ça, c'est de pire en pire !

5. J'ai réussi mon exam, je vais pouvoir aller à la fac. Super !

6. Je tremble, je transpire. J'ai l'estomac noué : mon épreuve orale est dans quelques minutes.

7. Allez, plus qu'un mois de stress et on va l'avoir ce bac. C'est quand même pas si compliqué. Faut mettre le paquet.

8. Tout le monde nous met la pression à l'école. Ca suffit comme ça ! On a le droit de vivre un peu.

Reliez ces autres sentiments aux paroles prononcées.

205

a. Le regret

b. L'hypocrisie

c. L'impatience

d. L'insatisfaction

e. L'orgueil

f. Le doute

g. La culpabilité

h. La modestie

1. Il me tarde de partir en vacances. Je n'en peux plus ! Je suis fatiguée, encore deux semaines à attendre.

2. Il se peut que je ne sois pas à la hauteur. Il faut que je demande à Mélissa de m'aider.

3. Je crois que j'ai été trop injuste avec lui, il faut que j'aille m'excuser.

4. Je déteste cet homme mais on ne sait jamais, je pourrais avoir besoin de lui.

5. J'ai eu seulement 5/20 en maths. Je ne pourrai jamais passer en 1re avec cette note. Il faut que je travaille dur !

6. Je ne suis pas sûr d'y arriver mais ça vaut le coup d'essayer.

7. Je suis le meilleur de tous. Il n'y a pas de doutes. Ça va marcher encore, personne ne fera mieux que moi.

8. Dommage que la fête se soit finie si tôt ! Personne n'a eu le temps de faire vraiment connaissance.

Complétez les phrases avec l'un des verbes exprimant un sentiment de la liste suivante : étonner, surprendre, faire mal, énerver, tenter, inquiéter, gêner, révolter, être égal. **Pour vous aider, le sentiment exprimé est mentionné au début de la phrase. N'oubliez pas de conjuguez les verbes !**

206

Exemple : La surprise – Ça m'**étonne** qu'on n'ait pas de devoirs. La prof a dû oublier de nous en donner. Tant mieux !

a. La colère – Ça me .... que les pays riches laissent les pays pauvres s'enfoncer dans la misère !

b. L'embarras – Ça me .... que tu fasses ça pour moi. Tu as déjà tellement de travail...

c. Le souci – Ça m'......................... que mon frère ne soit pas là. Il avait dit qu'il arriverait à 6 heures et il est déjà 7h30.

d. Le désir – Ça me .... vraiment de faire ce voyage avec toi au Portugal. On pourrait y aller cet été ?

e. L'agacement – Ça m'......................... qu'il fasse mauvais temps. On avait prévu un super week-end à la plage avec les copains. Qu'est-ce qu'on va faire ?

f. L'indifférence – Ça m'......................... qu'il ne vienne pas à mon anniversaire. De toute façon, ce n'est pas vraiment un ami. Je le connais à peine.

g. la tristesse – Ça me .... qu'il pense ça de moi. Je vais l'appeler pour m'expliquer et tout lui dire.

h. L'étonnement – Ça me .... qu'il réagisse comme ça. Je ne pensais pas qu'il était aussi sensible !

Reliez les paroles prononcées aux sentiments correspondants.

207

a. « J'en ai marre de tous ces exams, il y en a un chaque semaine. »

b. « C'est pas grave, tu feras mieux la prochaine fois ! »

c. « C'est pas possible ! Julien, collé par la prof d'allemand ? Ça c'est une nouvelle ! »

d. « J'ai beaucoup travaillé et pourtant je ne progresse pas. »

e. « Tant mieux. C'est bien fait pour lui, la prochaine fois, il sera plus calme ! »

f. « Super génial le cours de philo. J'ai hâte d'assister au prochain cours. »

g. « Ca me dégoûte, il ne fait rien et il a toujours de super notes. Ce n'est pas juste ! »

h. « Je ne m'attendais vraiment pas à avoir de si mauvais résultats... »

1. L'insatisfaction

2. La colère

3. La surprise

4. L'encouragement

5. La déception

6. L'enthousiasme

7. La satisfaction

8. L'énervement

Faites correspondre les paroles de l'exercice précédent avec les situations décrites ci-dessous. Complétez le tableau.

208

1. Un garçon qui a copié sur un copain lors d'un examen obtient une meilleure note que vous.

2. Vous aviez sérieusement appris une leçon et vous avez eu une mauvaise note parce que vous n'avez pas bien compris le sujet.

3. Vous venez de recevoir votre bulletin de notes trimestriel. Il n'est pas à la hauteur de vos espérances.

4. Un élève a dérangé toute la classe avec ses pitreries. Il a été convoqué dans le bureau du directeur.

5. Vous sortez de votre premier cours de philosophie, complètement emballé par le dynamisme du prof.

6. Vous apprenez qu'un des meilleurs élèves de votre classe a été puni pour avoir triché pendant un examen.

7. Vous êtes déprimé parce que vous avez raté votre exam d'histoire-géo. Que dit votre ami ?

8. Votre ami vous annonce que vous aurez encore un test d'anglais avant la fin de la semaine.

1	2	3	4	5	6	7	8
g							

Bilans

Complétez les phrases avec les verbes suivants : apprendre, partager, protéger, porter, s'engager, respecter, travailler, préfigurer, détériorer. **N'oubliez pas de conjuguer les verbes.**

209

Exemple : Je **partage** son opinion mais je ne fais pas la même analyse de la situation.

a. Je .... à faire ce travail rapidement. Je dois tenir ma promesse.

b. Ce séjour à l'étranger m'a .... à avoir un regard plus ouvert sur le monde et à être plus tolérante.

c. Ce quartier n'est pas sûr, il y a beaucoup de cambriolages. Vous devez .... votre maison en installant une alarme.

d. Quand on rencontre une personne, il ne faut pas .... de jugement trop hâtif sur elle mais prendre le temps de la connaître.

e. Dans une société, il y a des règles à .... pour pouvoir vivre en communauté.

f. Si les élèves continuent de .... les photocopieuses, celles-ci ne seront plus en libre-service.

g. C'est un élève paresseux. S'il ne .... pas davantage, il ne réussira jamais dans la vie.

h. La baisse du chômage .... une amélioration de la situation économique en France.

Cochez la ou les bonne(s) réponse(s).

210

Exemple : Une expression synonyme de : C'est surprenant !
☑ C'est étonnant ! ☐ C'est révoltant ! ☐ C'est fatigant !

a. Une expression synonyme de : C'est dommage !

☐ Tant mieux ! ☐ Tant pis ! ☐ C'est super !

b. Une expression antonyme de : Ça me révolte !

☐ Ça me dégoûte ! ☐ Ça me ravit ! ☐ Ça m'indiffère !

c. Deux synonymes du mot crainte :

☐ l'audace ☐ le courage ☐ la peur ☐ l'appréhension

d. Une expression qui exprime l'enthousiasme :

☐ C'est pas terrible ! ☐ C'est super génial ! ☐ C'est banal !

e. Une expression qui exprime l'indifférence :

☐ Ça m'est égal ! ☐ Ça me plaît ! ☐ Ça m'énerve !

f. Une expression qu'on utilise pour rassurer un ami :

☐ Vas-y ! ☐ Ne t'en fais pas ! ☐ Débrouille-toi !

g. Deux expressions qui expriment l'agacement :

☐ Ouf ! ☐ Ça m'énerve ! ☐ J'en ai marre ! ☐ Quel bonheur !

h. Deux expressions qu'on utilise pour encourager un ami :

☐ Allez, vas-y ! ☐ T'es trop nul ! ☐ Abandonne ! ☐ Ne te décourage pas !

Reliez les phrases avec le sentiment qu'elles expriment.

211

a. Je suis frappé de ce qui t'est arrivé.

b. Je suis ravie que tu sois là.

1. le mécontentement

c. Je suis navré qu'il dise cela.

d. Cette façon de faire m'irrite profondément.

e. Je suis déçu de sa réaction.

2. l'étonnement

f. Son absence me surprend.

g. Je me réjouis que nous partions.

h. Cela me scandalise qu'on soit obligé d'écouter cela.

3. la satisfaction

i. Je suis heureux qu'il vienne ce soir.

j. Je suis stupéfait que tu fasses cela.

k. Je suis désolé que cela soit arrivé.

4. la déception

l. Je suis furieux contre lui.

IX La société française actuelle

A. La France « Black Blanc Beur »

212 Placez les huit mots de la liste dans le tableau, selon qu'ils associent l'idée de l'étranger à une valeur positive ou à une valeur négative : antisémitisme, discrimination, interculturalité, intégration, xénophobie, multi-ethnisme, métissage, ghetto, racisme.

Valeur positive	Valeur négative
	Exemple : **antisémitisme**

213 Complétez le texte par les mots de la liste suivante : cités, religieux, origine, islamique, emploi, intégration, discriminations, communautés, laïcité.

La société française se caractérise par la coexistence de **communautés** (1) qui essaient de vivre ensemble. Cependant de réels problèmes d'.......................... (2) existent et font régulièrement la une des médias.

En 2004, de grands débats ont eu lieu autour des signes .... (3) à l'école en raison du fait que certaines élèves de confession musulmane assistaient à leurs cours en portant le voile .... (4). C'est qu'un des fondements de la société française repose sur la .... (5). Cette notion implique à la fois le respect des cultes dans le cadre privé et l'interdiction des signes religieux ostentatoires dans tous les lieux publics et notamment à l'école.

Plus récemment, les problèmes dans les .... (6) ont montré que la reconnaissance des populations d' .... (7) étrangère est loin d'être généralisée. Les jeunes de banlieue sont souvent victimes de .... (8). Il est très compliqué pour eux de trouver un .... (9) et encore plus de trouver un appartement.

Quelle profession exercent-elles ? Complétez les phrases avec les mots de la liste suivante : chef d'entreprise, femme de ménage, professeure, sage-femme, vendeuse, assistante de direction, infographiste, journaliste, pilote.

214

Exemple : Aïssatou travaille tous les soirs de 18h à 21h sauf le dimanche. Elle nettoie les bureaux du siège social d'une grande banque pour un salaire de misère. Elle est femme de ménage.

a. Élodie est diplômée des Beaux Arts. Aujourd'hui, elle dessine sur ordinateur pour une agence de publicité. Elle est ....

b. Aurélie travaille dans un grand quotidien national. Elle écrit pour la rubrique « Consommation ». Elle est ....

c. Marie est employée par la compagnie Air France depuis 2 ans. Elle a déjà plus de 10 000 heures de vols à son actif. Elle est ....

d. Malika est entrée dans cette maison d'édition comme éditrice. En 12 ans, elle a gravi tous les échelons et aujourd'hui, c'est elle qui dirige. Elle est ....

e. Nathalie est passionnée par l'enseignement. Elle travaille dans un lycée dans le sud-ouest de la France où elle enseigne le français. Elle est ....

f. Assia travaille dans un hôpital. Elle suit la grossesse de ses patientes et pratique les accouchements. Elle est ....

g. Stéphanie est employée dans un magasin de vêtements. Elle conseille les clientes dans leurs achats. Elle est ....

h. Annie gère l'emploi du temps de son patron. Elle écrit les courriers et prend les rendez-vous. Elle est ....

Cochez l'adjectif qui correspond à la définition proposée.

215

Exemple : Juliette est une étudiante brillante. Elle doit sa réussite à son courage. C'est simple, elle est toujours dans ses livres et ses cahiers.
C'est une étudiante   ☑ travailleuse   ☐ paresseuse   ☐ chanceuse

a. Karine s'assume complètement au niveau financier. Elle est autonome et n'a besoin de personne pour prendre les grandes décisions concernant sa vie :

C'est une femme   ☐ dynamique   ☐ indépendante   ☐ instruite

b. Nadia a beaucoup de connaissances et elle aime les partager avec les autres. Dans une discussion, elle a toujours des anecdotes intéressantes à raconter.

C'est une femme   ☐ réputée   ☐ douée   ☐ cultivée

c. Mélyne est très compétente dans son emploi d'assistante. Elle a une excellente réactivité et trouve toujours de nouvelles idées pour optimiser son travail.

C'est une femme très   ☐ impliquée   ☐ professionnelle   ☐ autonome

d. Danièle est une cuisinière hors pair. Elle sait habilement allier créativité et tradition. Son restaurant est aujourd'hui considérée comme l'une des meilleures tables de Paris.

C'est une cuisinière   ☐ talentueuse   ☐ dynamique   ☐ impliquée

e. Jeanne a choisi son métier de journaliste par vocation. Elle ne fait pas de compromis avec ses idées et écrit sans langue de bois.

C'est une journaliste   ☐ stricte   ☐ éduquée   ☐ engagée

f. Anne Perez a reçu plusieurs prix littéraires pour ses romans. Elle est très souvent invitée dans les médias et ses ouvrages ont été traduits dans plus de 25 langues.

C'est une auteure   ☐ expérimentée   ☐ indépendante   ☐ célèbre

g. Valérie ne travaille pas mais a beaucoup d'occupations. Elle s'occupe de ses 3 enfants, est élue au conseil municipal de sa ville et a créé une bibliothèque de quartier.

C'est une femme au foyer   ☐ professionnelle   ☐ active   ☐ impliquée

h. Catherine est une professeure de maths particulièrement stricte. Il n'y a pas de problème de discipline dans sa classe mais ses élèves sont parfois terrorisés.

C'est une prof   ☐ sévère   ☐ autonome   ☐ engagée

216 Cochez l'adjectif qui correspond à la définition proposée.

Exemple : Marine est une politicienne qui ne fait que flatter les électeurs. Elle utilise un discours simpliste, sans nuances, dans le seul but de s'attirer les faveurs du public.

C'est une politicienne   ☑ **démagogue**   ☐ déplaisante   ☐ prétentieuse

a. Sandrine a oublié de signaler un rendez-vous important à son directeur. Elle a également égaré des documents importants. Logique, son bureau est dans un tel désordre.

C'est une employée   ☐ ambitieuse   ☐ antipathique   ☐ négligente

b. Brigitte est très en retard dans ses études. Au lieu d'aller en cours, elle s'amuse. Elle préfère partir en vacances que réviser ses examens.

C'est une étudiante   ☐ paresseuse   ☐ gênante   ☐ inefficace

c. Marie-Pierre dirige son entreprise d'une main de fer. Tout le monde lui dit « vous », même ses plus anciens collaborateurs, et obéit scrupuleusement à ses ordres.

C'est une femme d'affaires   ☐ timide   ☐ autoritaire   ☐ antipathique

d. Gilberte, la nouvelle assistante, ennuie beaucoup son patron. Elle manque de discrétion et répète parfois des informations confidentielles lors de certaines réunions.

C'est une assistante   ☐ flatteuse   ☐ embarrassante   ☐ désordonnée

e. Valentine est une comédienne débutante mais elle se prend déjà pour une star et se permet de donner des leçons à des actrices bien plus expérimentées qu'elle.

Elle est   ☐ prétentieuse   ☐ inactive   ☐ démagogue

f. Elsa n'a pas la principale qualité requise pour être hôtesse d'accueil. Elle ne sourit jamais et parle toujours très sèchement aux visiteurs.

C'est une jeune femme   ☐ antipathique   ☐ négligente   ☐ ambitieuse

g. Marion n'est pas une bonne secrétaire. Elle est complètement désorganisée et fait beaucoup de fautes d'orthographe dans les courriers qu'elle écrit.

C'est une secrétaire   ☐ déplaisante   ☐ gênante   ☐ incompétente

h. Rachel passe beaucoup de temps au bureau mais son travail n'avance pas. Il lui faut deux fois plus de temps que sa collègue Sabine pour accomplir une même tâche.

Elle est   ☐ prétentieuse   ☐ désordonnée   ☐ inefficace

Pour chaque série de mots, soulignez l'intrus

217

Exemple : les inégalités – les disparités – <u>les ressemblances</u> – les différences

a. un salaire – un revenu – une indemnité – une dépense

b. l'instruction – l'éducation – l'ignorance – la formation

c. une sage-femme – une femme au foyer – une ménagère – une maîtresse de maison

d. l'attention – l'affection – la tendresse – le détachement

e. la rupture – la séparation – la rencontre – le divorce

f. les disputes – les affinités – les violences – les querelles

g. accoucher – mettre au monde – donner naissance – congeler

h. une traite – une allocation – une pension – une subvention

Remettez les mots dans l'ordre pour reconstituer les phrases.

218

Exemple : leur / nos / tard / professionnelle / femmes / enfants / car / . / carrière / , / jours / plus / elles / les / des / De / font / privilégient /
→ De nos jours, les femmes font des enfants plus tard car elles privilégient leur carrière professionnelle.

a. sondages / le / . / président / être / les / femme / pourrait / de / prochain / la / une / Selon / République / derniers /, /

→ ....

b. Les / . / divorce / hommes / femmes / cas / en / de / à / demandent / droits / avoir / mêmes / que / les /

→ ....

c. des / Françaises / responsabilités / . / à / postes / nombreuses / toujours / à / peu / aussi / accéder / sont / Les / à /

→ ....

d. enfants / Les / souvent / travailler / s'/ choisissent / postes / occuper / leurs / femmes / d'/ momentanément / arrêter / de / de / pour / . /

→ ....

e. une / difficile / qualifié / . / Il / pour / femme/ est / plus / trouver / toujours / de / un / travail /

→ ....

f. les / , /quand / des / Même / . / beaucoup / elles / domestiques / travaillent / s'occupent / tâches /

→ ....

g. mode / Les / intéressent / produits / la / de / à / Françaises / s' / énormément / et / beauté / aux / . /

→ ....

h. enfants / jeunes / si / souhaitent / Elles / belles / des / . / ont / rester / et / longtemps / même / elles /

→ ....

219 Entourez les 10 mots qui appartiennent au champ lexical de la famille.

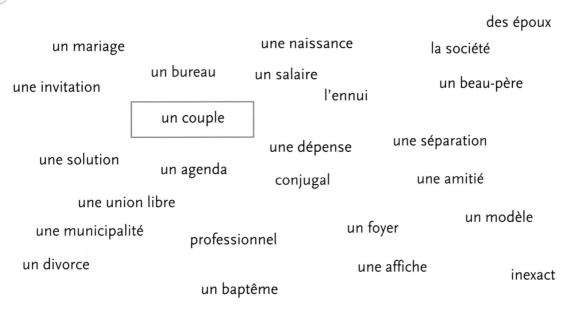

des époux

un mariage   une naissance   la société

une invitation   un bureau   un salaire   un beau-père

l'ennui

un couple

une solution   une dépense   une séparation

un agenda   conjugal   une amitié

une union libre

une municipalité   professionnel   un foyer   un modèle

un divorce   une affiche   inexact

un baptême

220 Complétez le texte à l'aide des mots suivants : recomposées, nuptialité, familial, maritale, monoparentales, célébrations, naissances, mariage, divorce.

Depuis les 50 dernières années on observe de nouvelles tendances dans la composition des ménages français.

D'abord, les Français se marient beaucoup plus tardivement. Aujourd'hui, l'âge moyen du premier **mariage (1)** est de 29 ans pour les femmes et de 32 ans pour les hommes. Le nombre de mariages diminue régulièrement depuis l'an 2000, année où l'on a enregistré le chiffre record de 300 000 .... **(2)**. Un autre élément caractéristique de la .... **(3)** en France est l'augmentation du nombre de divorces, qui sont passés de 30 000 en 1964 à 125 000 an 2004. Aujourd'hui, 17 mariages sur 100 se soldent par un .... **(4)** dans les 10 ans.

La cohabitation concerne aujourd'hui 1 couple sur 5. La vie .... **(5)** (c'est-à-dire vivre comme si on était mariés) s'est développée rapidement ces 30 dernières années, d'abord comme prélude au mariage, puis aujourd'hui comme mode de vie à part entière. En 2006, 50 % des .... **(6)** ont lieu au sein de couples non mariés.

Ces changements d'habitude ont modifié considérablement le modèle .... **(7)** traditionnel. Les ménages sont plus petits en raison de la diminution du nombre de naissances après le baby-boum. Certaines familles sont dites .... **(8)**, lorsque le ménage est composé d'un ou plusieurs enfants mais d'un seul parent. Il existe également de plus en plus de familles dites .... **(9)**. Il s'agit de familles issues de parents ayant déjà eu des enfants d'une précédente union. En 2006, en France, une famille sur 10 est une famille recomposée.

Pour chaque série de mots, soulignez l'intrus.

221

Exemple : manger – déguster – respirer – consommer

a. la choucroute alsacienne – la bouillabaisse marseillaise – le riz à l'indienne – le canard du Périgord

b. les consommateurs – les clients – les tracteurs – les agriculteurs

c. le goût – les saveurs – l'arôme – l'aspect

d. découvrir – préparer – cuisiner – mijoter

e. la gastronomie – un hamburger – une spécialité régionale – un plat du terroir

f. un produit – un mets – une horreur – une douceur

g. un récipient – un ramequin – un plat – un miroir

h. une tarte – un rôti – une crème – un flan

Cochez les huit mots ayant un rapport avec l'alimentation.

222

☑ la nourriture   ☐ la publicité   ☐ un régime

☐ l'habillement   ☐ la mal-bouffe   ☐ un écran

☐ le grignotage   ☐ la politique   ☐ la voiture

☐ l'obésité   ☐ l'histoire   ☐ l'immobilier

☐ l'argent   ☐ la diététique   ☐ l'anorexie

☐ la photographie   ☐ la cantine   ☐ les produits allégés

Complétez les phrases en cochant la bonne proposition.

223

Exemple : Les jeunes Français mangent de plus en plus en mal. Ils ne font pas attention au contenu de leur ...

    ☑ assiette   ☐ cartable   ☐ ordinateur   ☐ chambre

a. La conséquence est que beaucoup d'entre eux consomment trop de sucres et de graisses et souffrent ...

    ☐ de malnutrition   ☐ d'anorexie   ☐ d'obésité   ☐ de rachitisme

b. Le surpoids des adolescents et des enfants est devenu un véritable problème de ... publique

    ☐ vie   ☐ santé   ☐ mort   ☐ politique

c. Pour cette raison, le gouvernement a pris plusieurs dispositions pour changer les ... alimentaires des jeunes français.

    ☐ rôles   ☐ délires   ☐ habitudes   ☐ souffrances

d. Par exemple, depuis 2005, les distributeurs automatiques de friandises sont interdits dans les établissements ... .

    ☐ pénitenciers   ☐ psychiatriques   ☐ sportifs   ☐ scolaires

e. Les publicités vont également être étroitement surveillées car elles influencent parfois négativement l' ... des jeunes.

☐ alimentation ☐ opinion ☐ envie ☐ assiduité

f. Certaines publicités sont en effet dans le collimateur du gouvernement car elle ne mentionnent pas les dangers liés à la ... des produits dont elles font la promotion.

☐ manipulation ☐ surconsommation ☐ préparation ☐ conception

g. Par ailleurs, les jeunes Français ayant un mode de vie de plus en plus ... , le gouvernement va prendre des mesures incitatives pour les encourager à la pratique régulière de sport.

☐ sain ☐ nomade ☐ sédentaire ☐ étrange

h. Il faudra toutefois beaucoup de volonté pour changer les habitudes. D'autant plus que l'industrie ... ne manque d'imagination pour lancer de nouveaux produits.

☐ pharmaceutique ☐ alimentaire ☐ informatique ☐ automobile

Bilans

Associez les mots de la colonne de gauche aux thèmes correspondants.

224

a. une naissance
b. un vacancier
c. l'intégration
d. une union libre
e. un produit allégé
f. l'écologie
g. le métissage
h. une friandise
i. un accompagnateur
j. les nouvelles technologies

1. la société multiculturelle
2. le tourisme
3. les sujets importants pour les jeunes
4. la famille
5. l'alimentation

Complétez les phrases à l'aide des verbes suivants : PENSER, CROIRE, TROUVER, ESPÉRER, ESTIMER, CONSIDÉRER, SUPPOSER, DOUTER, SEMBLER.

225

Exemple : Il me SEMBLE légitime que pour un même travail hommes et femmes perçoivent un même salaire.

a. « Je T _ _ _ _ inacceptable qu'on juge les gens par rapport à la couleur de leur peau. »

b. « Je P _ _ _ _ qu'on devrait former plus de jeunes à l'accueil des touristes étrangers. »

c. « Je C _ _ _ _ que les jeunes couples devraient apprendre à faire plus de concessions, cela éviterait des divorces. »

d. « Je D _ _ _ _ que les adolescents acceptent un jour les idées de guerre et d'injustice.

e. Je S _ _ _ _ _ _ que la qualité des produits alimentaires va continuer à se dégrader.

f. J'E _ _ _ _ _ qu'un jour prochain on trouvera un vaccin contre le SIDA.

g. Je C _ _ _ _ _ _ _ _ que les jeunes ont le droit de communiquer entre eux en toute confidentialité.

h. J'E _ _ _ _ _ qu'on doit pouvoir choisir chez qui habiter quand nos parents divorcent.

Maintenant, à vous ! Exprimez votre opinion sur chacun des sujets proposés en utilisant les mêmes formes verbales.

a. La restauration rapide

....

....

b. Les produits allégés

....

....

c. Le mariage

....

....

d. Les familles recomposées

....

....

e. Le travail des femmes

....

....

f. Les compétences des femmes

....

....

g. Le téléphone portable

....

....

h. Internet

....

....

X Quelques mécanismes pour former des mots

A. Les préfixes

Rappel

Les préfixes

Un préfixe est un élément qui précède le radical d'un mot. Il peut s'ajouter à un verbe, à un nom ou à un adjectif.

Les préfixes *uni-/mono-* (1), *bi-/di-* (2), *tri-* (3), *quadri-/ tétra-* (4), *quinqua-/penta-* (5), *hexa-* (6), *hepta-* (7), *octo-* (8), *nona-* (9), *déca-* (10), *centi-* (100), *kilo-* (1000), indiquent un nombre.

Expliquez la signification des mots en gras en vous aidant du rappel sur les préfixes.

(226)

Exemple : Il a eu un grave accident de voiture, il est devenu **tétraplégique.**
→ paralysie des quatre membres (les jambes et les bras)

a. Elle parle couramment français, anglais et italien : elle est **trilingue**.

→ ....

b. En raison de la forme géométrique de son territoire, la France est parfois désignée sous le terme « **Hexagone** ».

→ ....

c. Avec l'augmentation de l'espérance de vie, la France compte de plus en plus de **centenaires**.

→ ....

d. Il faut un **kilogramme** de farine pour faire ce pain.

→ ....

e. Les vaches, les chiens et les chats sont des **quadrupèdes**.

→ ....

f. Depuis 2002, le Président de la République française est élu pour un mandat appelé **quinquennat**.

→ ....

g. En Belgique et en Suisse romande, quarante plus cinquante font **nonante**.

→ ....

h. Le mot « pain » est un mot **monosyllabique**.

→ ....

Les préfixes **ante-**, **avant-** et **pré-** ont le sens de « avant ».

Les préfixes **post-** et **après-** ont le sens de « après ».

Complétez les définitions par le mot donné entre parenthèses en ajoutant les préfixes pré- ou post-. Aidez-vous du mot donné sans préfixe entre-parenthèses.

227

Exemple : C'est un texte qui, placé au début d'un livre, présente l'ouvrage au lecteur.
→ **(-face)** : une préface

a. C'est une idée que l'on se fait avant d'avoir jugé quelque chose ou quelqu'un.
→ **(-jugé)** : ....

b. C'est un court message annexe que l'on rajoute à la fin d'une lettre, généralement après la signature.
→ **(-scriptum)** : ....

c. Retraite que l'on prend avant l'âge légal.
→ **(-retraite)** : ....

d. Relatif à la période qui précède la naissance.
→ **(-natal)** : ....

e. Qui a vu le jour après la mort de son auteur.
→ **(-hume)** : ....

f. Addition du son et des bruitages après le tournage d'un film.
→ **(-synchronisation)** : ....

g. Placer un mot après un autre mot.
→ **(-poser)** : ....

h. Se dit d'une construction montée avec des éléments fabriqués industriellement au préalable.
→ **(-fabriqué)** : ....

Les préfixes **hyper-**, **super-**, **sur-** et **ultra-** sont des préfixes augmentatifs et expriment différents degrés d'intensité.

Le préfixe **extra-** peut être augmentatif ou signifier « en dehors de ».

Complétez les définitions avec le mot de la liste correspondant et en ajoutant le préfixe adéquat : extraterrestre, extraordinaire, surpopulation, supersonique, hypermarché, ultraviolet, supernova, surdoué.

228

Exemple : Des activités que l'on pratique en dehors de l'école :
→ **Des activités extrascolaires**

a. Une trop grande densité de population par rapport à un territoire donné :
→ ....

b. C'est un magasin, d'une surface supérieure à 2500 m², proposant en libre service des produits alimentaires et de grande consommation :

→ ....

c. Hors du commun, étonnant, qui suscite la surprise ou l'admiration par sa singularité :

→ ....

d. Type de rayonnement solaire contre lequel on doit protéger sa peau en raison des brûlures qu'il peut provoquer :

→ ....

e. Qui est d'un niveau mental très supérieur à la moyenne :

→ ....

f. Qui atteint une vitesse supérieure à celle du son :

→ ....

g. Extérieur à la Terre, qui vient d'une autre planète que la Terre :

→ ....

h. Explosion très lumineuse qui marque la fin de la vie de certaines étoiles :

→ ....

Rappel

Certains verbes très usités (comme les verbes **mettre**, **venir**, **faire**, **tenir**, **dire**, etc.) donnent lieu à de nombreux dérivés formés avec des préfixes.

Exemple :

FAIRE → **dé**faire ; **re**faire ; **par**faire ; **contre**faire ; **satis**faire...

Complétez chaque phrase avec un dérivé du verbe FAIRE en faisant les accords nécessaires.

229

Exemple : Comme Virginie a eu tout faux à son exercice de mathématique le professeur lui a demandé de le **refaire**.

a. Ce client a décidé de ne pas renouveler le contrat avec cette société car il n'est pas
.... de ses services.

b. De l'argent a été frauduleusement retiré de mon compte en banque : des escrocs
.... ma carte bancaire.

c. Paul a mal assemblé ce meuble. Il doit tout .... puis tout recommencer.

d. Ses explications ne .... pas les enquêteurs, qui ont décidé de maintenir sa garde à vue.

e. Bien que déjà bonne musicienne, elle a décidé de prendre des cours de solfège afin de
.... ses connaissances.

f. Puisque la dernière fois vous avez beaucoup apprécié mes cookies faits maison, j'ai décidé de vous en ....

g. Les travaux sont presque terminés. Il ne reste plus qu'aux peintres à intervenir pour
.... le travail.

h. Je n'arrive pas à fermer ma valise, je vais la .... et essayer de trier davantage ce que je dois prendre.

Complétez les phrases avec les dérivés du verbe VENIR de la liste suivante : revenir, venir, convenir, provenir, advenir, intervenir, subvenir, prévenir, parvenir. **Conjuguez les verbes quand c'est nécessaire.**

(230)

Exemple : Je dois finir ce travail ce soir, je ne veux pas être obligé de **revenir** au bureau demain car c'est le week-end.

a. Nous .... hier au téléphone d'une heure et d'un lieu de rendez-vous pour notre réunion. Vous n'êtes plus d'accord ?

b. Cette lettre est .... à mon adresse avec trois semaines de retard. Je pense qu'il s'agit d'une erreur de la poste.

c. Le vin que vous êtes en train de déguster .... de l'une des meilleures régions viticoles de France.

d. Il faut beaucoup d'argent pour .... à l'éducation d'un enfant.

e. Mon grand-père a fait un malaise hier soir. J'.......................... le médecin de toute urgence mais il n'est arrivé que 2 heures plus tard.

f. Les pompiers ....très rapidement sur les lieux de l'incendie et il n'y a pas eu de victimes.

g. « Je ne sais pas ce qu'il va .... de cette maison après la mort de mon père mais j'espère seulement qu'elle ne sera pas vendue ».

h. « .... avec nous à cette fête, il y aura beaucoup d'amis et on va bien s'amuser ».

Rappel

- Le préfixe *auto-* signifie « soi-même, lui-même ».
- Le préfixe *télé-* signifie « au loin, à distance ».
- Le préfixe *poly-* signifie « plusieurs, nombreux ».
- Le préfixe *co-* et ses dérivés *com-*, *con-* et *col-* signifient « avec, ensemble ».

Complétez les phrases avec l'un des mots de la liste suivante : autonome, autochtone, automobile, autographe, autocritique, autobiographie, automatique, autocollant, autodidacte. **N'oubliez pas de faire les accords quand c'est nécessaire.**

(231)

Exemple : Une région ou une province qui s'administre elle-même est dite **autonome**.

a. Il est inutile d'humecter cette enveloppe pour la fermer car elle est ....

b. Dans le train, la fermeture des portes est ....

c. Ce chanteur est si célèbre qu'il n'arrête pas de signer des ....

d. Cet écrivain s'est fait connaître avec la publication de son ....

e. Une personne qui s'instruit elle-même est une personne ....

f. Une population qui est issue du sol même où elle habite est dite ....

g. La principale responsable de la pollution à l'intérieur des villes est la circulation ....

h. Pour être objectif, il faut être capable de porter un jugement sur ses propres actes et de faire son ....

Complétez chaque définition avec le mot correspondant de la liste suivante : télescope, télévision, téléphérique, télé-achat, télécommande, télépathie, télétravail, téléchargement, téléphone.

(232)

Exemple : C'est un procédé qui permet la transmission et la réception à distance d'images fixes ou en mouvement : → **la télévision**

a. C'est un dispositif qui permet la transmission et la réception à distance de sons :
→ ....

b. C'est un instrument d'optique qui permet d'observer des objets éloignés tels que des astres ou des corps célestes :
→ ....

c. C'est un moyen de transport qui permet de déplacer des personnes dans des cabines suspendues à des câbles :
→ ....

d. C'est l'action de transférer des données au moyen d'un réseau informatique :
→ ....

e. C'est une activité professionnelle exercée hors de l'entreprise, généralement à domicile, grâce à des moyens de communication à distance :
→ ....

f. C'est un instrument qui permet la transmission à distance d'un signal déclenchant l'exécution d'un ordre :
→ ....

g. Offre à la vente de produits ou de services par l'intermédiaire d'un support audiovisuel :
→ ....

h. C'est un sentiment de communication à distance par la pensée :
→ ....

Formez des mots avec le préfixe poly- **et complétez les phrases à l'aide des indications du tableau ci-dessous.**

(233)

Exemple : Un homme qui est marié à plusieurs femmes est **polygame**.

-game	-andre	-glotte	-valent	-sémique
femme	homme	langue	fonction	sens

-phonie	-morphe	-chrome	-gone
son	forme	couleur	côté

a. Un objet ou un corps qui est de plusieurs couleurs est ....

b. Un chant à plusieurs voix est une ....

c. Une personne qui parle plusieurs langues est ....

d. Un mot qui a plusieurs sens est ....

e. Une femme qui a plusieurs maris est ....

f. Un objet ou un corps qui peut se présenter sous plusieurs formes est ....

g. Une forme géométrique qui possède plusieurs angles et plusieurs côtés est un ....

h. Un employé qui occupe plusieurs fonctions est ....

Complétez chaque phrase avec le mot approprié de la liste suivante : covoiturage, coexister, collègue, cohabitation, copropriétaire, compatriote, colocataire, collatéral, coéquipier. **Faites les accords quand c'est nécessaire.**

(234)

Exemple : Pour participer à ce rallye, il faut être deux personnes dans la voiture. Chacun doit se trouver un **coéquipier**.

a. Au travail, je partage mon bureau avec plusieurs ....

b. Le fait de partager à plusieurs le même véhicule privé pour se rendre sur son lieu de travail s'appelle le ....

c. Demain aura lieu l'assemblée des .... pour décider de la répartition du paiement des charges dues à la rénovation de l'immeuble.

d. Depuis que j'habite à l'étranger, je n'ai rencontré personne de la même nationalité que moi. Ça me ferait pourtant plaisir de discuter avec un ....

e. Habiter chez ses parents à 25 ans pose quelques petits problèmes de vie commune : la .... n'est pas toujours facile.

f. Hélène partage son appartement avec Émilie depuis un an. Elle très heureuse de sa ....

g. Afin de l'assister dans ses missions, le directeur a recruté deux nouveaux ....

h. Pour des raisons historiques et culturels, il arrive que certaines communautés ethniques aient du mal à .... sur un même territoire.

B. Les suffixes

Rappel

Les suffixes

Les **suffixes** sont des éléments de formation placés après le radical d'un mot afin de former un dérivé.

Les terminaisons verbales sont des exemples de suffixe.

• Les suffixes *-ible* et *-able* permettent de former des adjectifs qui indiquent la possibilité. Attention, ils peuvent également signifier l'impossibilité si le mot comporte un préfixe négatif. Pour former les noms équivalents, on utilise les suffixes *-ibilité* et *-abilité*.

> • Le suffixe *-phile* signifie « qui aime » et sert à former des adjectifs. Dans le même registre, pour former un nom, on utilise le suffixe *-philie*.
>
> • Le suffixe *-phobe* signifie « qui n'aime pas, qui a peur de » et sert à former des adjectifs. Dans le même registre, pour former un nom, on utilise le suffixe *-phobie*.

Complétez les mots de la colonne de gauche avec les suffixes -ible ou -able puis reliez-les à leur définition.

235

a. Adapt**able** ————————

b. Perfect...........................

c. Fais...........................

d. Incroy...........................

e. Access...........................

f. Compréhens...........................

g. Réduct...........................

h. Accept...........................

1. dont la compréhension est possible.

2. que l'on peut accepter

3. que l'on ne peut pas croire

4. dont la perfection est possible

5. qu'il est possible de faire

6. dont l'accès est possible

7. que l'on peut adapter

8. dont la réduction est possible

Indiquez la forme verbale infinitive correspondant à chacun des adjectifs.

236

Exemple : Possible → **Pouvoir**

a. Lisible → ....

b. Crédible → ....

c. Nuisible → ....

d. Traduisible → ....

e. Pénible → ....

f. Transmissible → ....

g. Eligible → ....

h. Visible → ....

Complétez les phrases avec les adjectifs suivants : transformable, infatigable, regrettable, discutable, maniable, faisable, variable, inimaginable, inviolable. Faites les accords quand c'est nécessaire.

237

Exemple : Votre attitude n'est pas correcte : c'est très regrettable.

a. Vraiment, cet exercice n'est pas difficile. Il est tout à fait .... pour des enfants de cet âge.

b. La météo annonce un temps .... pour ce week-end : une alternance de passages nuageux et d'éclaircies.

Quelques mécanismes pour former des mots

c. Les enfants aiment beaucoup la pâte à modeler car elle leur permet d'élaborer des formes .... à volonté.

d. Olivier est toujours en train de faire quelque chose. On a l'impression qu'il ne s'arrête jamais : il est ....

e. Ce téléphone portable est très facile et agréable d'utilisation. Il est parfaitement ....

f. Le coffre de cette banque a été fabriqué à partir de matériaux très résistants. Il est quasiment ....

g. Personne n'aurait pu croire que cet événement allait se produire. C'était totalement ....

h. Cette proposition de loi est très controversée et mériterait d'être débattue davantage. Certains points restent en effet très ....

238 Reliez les éléments des deux colonnes.

Ne pas aimer ou craindre

a. les araignées

b. l'eau

c. la lumière

d. les étrangers

e. les animaux

f. les espaces clos, fermés

g. les grands espaces publics

h. le sang

Ce la s'appelle...

1. la zoophobie

2. l'agoraphobie

3. la claustrophobie

4. la photophobie

5. l'hématophobie

6. la xénophobie

7. l'arachnophobie

8. l'hydrophobie

239 Reliez les éléments des deux colonnes.

Vous aimez...

a. les livres

b. le cinéma

c. les cartes

d. les français, la France

e. la culture russe

f. le vin

g. les chiens

h. porter des poids

Vous êtes...

1. francophile

2. russophile

3. bibliophile

4. haltérophile

5. cinéphile

6. cynophile

7. œnophile

8. cartophile

Les suffixes *-té*, *-eté*, *-ité*

Ces suffixes servent à former des **noms féminins** à partir d'adjectifs.

Ils montrent une qualité (ou un défaut) morale ou intellectuelle d'une personne, l'état ou le caractère d'une chose.

Exemples :   beau/ la beauté

grossier/ la grossièreté

banal/ la banalité

Formez des noms à partir des adjectifs du tableau et en utilisant les suffixes *-té*, *-eté*, *-ité*. Attention, dans certains cas, le radical peut subir des modifications !

240

ADJECTIF	NOM
Exemple : responsable	la responsabilité
a. possible	....
b. varié	....
c. léger	....
d. dur	....
e. fier	....
f. naïf	....
g. bon	....
h. facile	....

Les suffixes *-esse*, *-ie*, *-ise* et *-itude*

Ces suffixes servent à former des **noms féminins** à partir d'adjectifs.

Ils montrent une qualité (ou un défaut) morale ou intellectuelle d'une personne, l'état ou le caractère d'une chose.

Exemples :   délicat/ la délicatesse

monotone/ la monotonie

bête/ la bêtise

exact/ l'exactitude

Formez des noms à partir des adjectifs en utilisant les indications du tableau. Attention, dans certains cas, le radical peut subir des modifications !

241

ADJECTIF	SUFFIXES				NOM
	-esse	-ie	-ise	-itude	
gourmand			✓		Exemple : la gourmandise
Sage	✓				a..
certain			✓		b..
jaloux		✓			c..
bourgeois		✓			d..
jeune	✓				e..
ingrat			✓		f..
gentil	✓				g..
franc			✓		h..

Complétez les phrases suivantes avec les noms trouvés lors de l'exercice précédent.

242

Exemple : La **gourmandise** est la principale responsable du surpoids de Dominique.

a. Paul aime retrouver ses amis d'enfance et évoquer avec eux ses souvenirs de
....

b. Les étudiants ont eu une attitude sérieuse et responsable lors des manifestations : ils ont fait preuve d'une grande ....

c. C'est la .... qui a conduit au divorce de ce couple célèbre. Le mari ne supportait plus le regard des autres sur sa femme.

d. Aujourd'hui, le réchauffement climatique est scientifiquement prouvé : c'est devenu une
....

e. L'étudiant fautif est allé de lui-même se dénoncer auprès du proviseur. Sa
.... lui a permis d'éviter une sanction plus sévère.

f. Bien qu'issu d'un milieu très modeste, cet homme a peu à peu construit sa fortune et appartient aujourd'hui à la grande ....

g. Sylvie a beaucoup aidé Patrick pendant qu'il était malade mais ce dernier ne l'a jamais remerciée. Elle ne comprend pas son ....

h. François est toujours prêt à aider les autres. Dans n'importe quelle situation, il fait preuve de
....

Rappel

Le suffixes -*eur*

Ce suffixe sert à former des **noms féminins** à partir d'adjectifs.

Il indique une caractéristique physique d'une personne ou d'une chose (forme, dimension, couleur...), une sensation, un sentiment.

Exemples :   rouge/ la roug**eur**

lent/ la lent**eur**

doux/ la douc**eur**

Formez des noms à partir des adjectifs du tableau et en utilisant le suffixe -eur. Attention, dans certains cas, le radical peut subir des modifications !

243

ADJECTIF	NOM
Exemple : laid	la laideur
a. haut	....
b. large	....
c. long	....
d. épais	....
e. blanc	....
f. chaud	....
g. pâle	....
h. mince	....

Complétez les phrases suivantes avec les noms trouvés lors de l'exercice précédent.

244

Exemple : L'une des caractéristiques de Quasimodo, personnage du roman de Victor Hugo *Notre Dame de Paris*, est son incroyable **laideur**.

a. Cette course a lieu en plein été. Finalement, le plus dur pour les athlètes est de pouvoir supporter la ....

b. Le prisonnier a commencé par creuser un trou dans la paroi de sa cellule. Il a vite été découragé par l' .... du mur.

c. Avant d'acheter ce réfrigérateur, tu ferais mieux de mesurer la .... de l'espace disponible dans ta cuisine.

d. Dans le droit français, un immeuble de grande .... est une construction qui dépasse généralement 50 mètres.

e. Ce dentifrice te permettra d'avoir des dents d'une .... éclatante.

f. Certains tops model féminins sont d'une telle .... qu'on pourrait les croire anorexiques.

g. Je me suis ennuyé pendant ce film. La deuxième partie, après la mort du héros, traîne vraiment en ....

h. La .... de Stéphanie est inquiétante. Son visage est de plus en plus blanc, presque cadavérique.

Les suffixes exprimant l'agent ou la profession

De nombreux suffixes permettent de former des noms de métier. Parmi les plus courants, on trouve :

Des suffixes qui donnent lieu à des noms possédant **une seule et même forme pour le masculin et le féminin** :

- aire	• un(e) antiquaire
- iste	Ce suffixe forme certains noms de métiers et de nombreux noms de musiciens.
	• un(e) dentiste / un(e) pianiste
	Il forme aussi les noms de partisans d'un groupe politique ou d'une théorie.
	• un(e) capitaliste
	Remarque : Le suffixe -isme permet de former le nom correspondant qui marque la doctrine. Ce nom est toujours masculin.
	• un(e) communiste → le communisme

Des suffixes qui donnent lieu à **une forme masculine et une forme féminine** :

-ant / -ante	• un enseignant / une enseignante
-(t)eur / -(t)euse	• un chanteur / une chanteuse
-(a)teur / -(a)trice	• un décorateur / une décoratrice
	Remarque : Le suffixe -eur forme aussi des noms de métiers sans féminin :
	• un professeur ; un auteur
	Toutefois, la langue contemporaine tend à féminiser ces noms en ajoutant un « e » final. Ainsi, on trouvera également : un professeur / une professeure
-ien / -ienne	• un comédien / une comédienne
-ier / -ière (ou -er / -ère après « ch » ou « g »)	
	• un couturier / une couturière
	• un boulanger / une boulangère

Formez des noms de profession à partir des noms de la colonne de gauche du tableau et en utilisant le suffixe approprié. Attention, dans certains cas, le radical peut subir des modifications !

245

	SUFFIXES		
	-aire	-iste	
la manutention	✓		Exemple : **manutentionnaire**
un journal		✓	a. ....
une guitare		✓	b. ....
un livre	✓		c. ....
un disque	✓		d. ....
une publicité	✓		e. ....
un secret	✓		f. ....
une fonction	✓		g. ....
un chœur		✓	h. ....

Complétez les phrases suivantes avec les noms trouvés lors de l'exercice précédent.

246

Exemple : Son travail est très fatigant : il est **manutentionnaire** dans une imprimerie.

a. J'ai trouvé cet album des Beatles, qui est une véritable pièce de collection, chez un .... à Londres.

b. La chanteuse Whitney Houston a débuté sa carrière comme .... d'Aretha Franklin.

c. Le .... Thomas L. Friedman a été récompensé à trois reprises par le prix Pulitzer pour ses articles parues dans le *New York Times*.

d. En France, le .... d'état est le membre du gouvernement qui se place au dernier échelon de la hiérarchie ministérielle.

e. Jimi Hendrix, de son vrai nom James Marshall, est un .... de blues et de rock américain célèbre pour ses innovations musicales de la période psychédélique.

f. L'écrivain Jean-Marie Gustave Le Clézio a dédicacé aujourd'hui son dernier ouvrage, *Ourania*, dans une célèbre .... lyonnaise.

g. Jacques Séguéla est incontestablement le .... le plus connu de France : il a réalisé plus de 1500 campagnes dont 15 présidentielles.

h. Angoissé par les vagues de licenciement qui secouent les employés du secteur privé, Louis a finalement décidé de devenir ....

Formez des noms de profession à partir des mots de la colonne de gauche du tableau et en utilisant le suffixe approprié. Attention, dans certains cas, le radical peut subir des modifications !

247

	suffixes				
	-eur / -euse	-(a)teur / -(a)trice	-ier / -ière	-ien / -ienne	
danser	✓				Exemple : un danseur / une danseuse
la police			✓		a. ....
la musique				✓	b. ....
vendre	✓				c. ....
un bijou			✓		d. ....
présenter		✓			e. ....
dessiner		✓			f. ....
la technique				✓	g. ....
conduire		✓			h. ....

Complétez les phrases suivantes avec les noms trouvés lors de l'exercice précédent. Faites attention aux accords en genre et en nombre.

248

Exemple : Ancienne **danseuse** étoile à l'opéra de Paris, Marie-Claude Pietragalla est aujourd'hui une chorégraphe réputée.

a. André Franquin est un célèbre .... belge. Il a créé des personnages qui sont devenus très populaires tels que Spirou, Gaston Lagaffe et le Marsupilami.

b. En 1904, le .... Louis Cartier a créé la première montre-bracelet. Il destinait cette création à un ami aviateur qui s'était plaint de la difficulté à consulter une montre-gousset tout en pilotant.

c. Pour exercer le métier de ...., il faut répondre à un certain nombre de critères physiques et psychologiques.

d. Si vous constatez la moindre anomalie dans le fonctionnement des ascenseurs, veuillez immédiatement prévenir le .... de permanence.

e. En France, il n'est pas rare qu'un .... de journaux télévisés s'oriente ensuite vers une carrière politique.

f. Vladimir Cosma est un .... très connu en France : les quelques 200 musiques de films qu'il a composées ont marqué le public grâce à la tonalité particulière d'instruments tels que l'harmonica ou la flûte de pan.

g. D'après une enquête menée par les sociétés d'assurances, les .... françaises ont moins d'accidents que leurs congénères masculins.

h. Une bonne .... sait avant tout mettre le client en confiance et le guider en douceur dans son achat.

Donnez la signification des préfixes du tableau ainsi qu'un exemple pour chaque cas.

249

PRÉFIXE	SIGNIFICATION	EXEMPLE
Exemple : Post-	après	postnatal = qui a lieu après la naissance
a. co-	....	....
b. poly-	....	....
c. auto-	....	....
d. télé-	....	....
e. hyper-	....	....
f. ante-	....	....
g. sur-	....	....
h. uni-	....	....

Répondez aux questions.

250

Exemple : Comment appelle-t-on une personne qui aime le peuple et la culture anglaises ?
→ un anglophile

a. Citez un adjectif signifiant « impossible à faire » :

→ ....

b. Comment appelle-t-on la peur des espaces clos ?

→ ....

c. Donnez 5 verbes dérivés du verbe faire :

faire à nouveau : → ....

démonter, déballer : → ....

reproduire par imitation : → ....

fignoler, parachever : → ....

contenter, convenir : → ....

d. Donnez 5 noms se terminant par le suffixe -té :

→ ....

→ ....

→ ....

→ ....

→ ....

e. Nous avons vu qu'un homme polygame est un homme qui a plusieurs épouses. Quel nom utiliseriez-vous pour désigner un homme qui a une seule épouse ?

→ ....

f. Comment appelle-t-on :

– une personne qui apprend par ses propres moyens ?

→ ....

– une personne qui est issue du sol même où elle habite ?

→ ....

– une critique de soi-même ?

→ ....

g. Donnez 5 noms construits avec le suffixe -isme :

→ ....

→ ....

→ ....

→ ....

→ ....

h. Donnez 5 noms construits avec le suffixe -esse :

→ ....

→ ....

→ ....

→ ....

→ ....

N° d'éditeur : 10120095 - Avril 2007
Imprimé en France par I.M.E. - 25110 Baume-les-Dames